Stephan Oettermann

Läufer und Vorläufer

Vom antiken Olympia über die ritterlichen Leibesübungen und volkstümlichen Bewegungsspiele zum modernen Hochleistungssport – dies ist der Dreisprung auf der Rennbahn des Fortschritts, mit dem für gewöhnlich Sportgeschichte geschrieben wird.
Für eine Teildisziplin – den heute massenhaft betriebenen Laufsport – versucht es der Autor dagegen mit dem Rösselsprung über die gewundenen Nebenwege. Vor allem gestützt auf Quellen aus dem deutschsprachigen Raum zeichnet er den Lauf in der Geschichte nach, vom Lehrberuf des Botenläufers über den herrschaftlichen Laufer, der als lebendes Statussymbol vor den Kutschen der Reichen rannte, zum Wett-Läufer bis schließlich zum Sportler. Vom Berufsläufer zum Amateur also.
Als wichtigen Zwischenschritt entdeckt er den Schauläufer, der in der 1. Hälfte des 19. Jahrhunderts auf dem Jahrmarkt um seinen Lebensunterhalt rannte: in pittoresken Phantasiekostümen, im Walzerschritt, auf Stelzen oder rückwärts. Sein augenfälligstes Merkmal war die große Uhr, an die er sich buchstäblich kettete, um seine Leistung – gemessen im Verhältnis von Zeit zu Strecke – zu veranschaulichen. Die Schauläufer waren es, die die anfänglich nur gaffenden Zuschauer allmählich zu einem sachkundigen Publikum erzogen. Sie schufen so erst die Öffentlichkeit, in der das Laufen wirklich zum *Sport* werden konnte.

Stephan Oettermann, geboren 1949, lebt als freier Schriftsteller in Marburg. Wichtige Publikationen: *Zeichen auf der Haut.* Die Geschichte der Tätowierung in Europa (1979). *Das Panorama.* Die Geschichte eines Massenmediums (1980). *Die Schaulust am Elephanten.* Eine Elephantographia curiosa (1982) – ›Buch des Monats‹ April '83. In Vorbereitung: *Der starke Mann.* Johann Karl von Eckenberg. Eine Biographie.

Stephan Oettermann

Läufer und Vorläufer

Zu einer Kulturgeschichte des Laufsports

(Originalausgabe)

Syndikat

Für Achim und Lilo

CIP-Kurztitelaufnahme der Deutschen Bibliothek

Oettermann, Stephan:
Läufer und Vorläufer : zu e. Kulturgeschichte d.
Laufsports / Stephan Oettermann. – Frankfurt am
Main : Syndikat, 1984.
(Taschenbücher Syndikat, EVA ; Bd. 40)
ISBN 3-434-46040-3
NE: GT

Taschenbücher
Syndikat / EVA Band 40
Originalausgabe
November 1984

Motiv: Henri Meyer, Course des Hommes, 1875
Herstellung und Satz: Jonas Verlag, Marburg
Gesamtherstellung: Ebner Ulm
Printed in Germany
ISBN 3-434-46040-3

Inhalt

1. Kapitel

Der laufende Bote

»So harte Fußsohlen, daß man Nägel darein schlagen kann« – Botenläufer in China, im Vorderen Orient und in Amerika

Das Bedürfnis, Nachrichten möglichst schnell und sicher zu übermitteln, ist fast so alt wie die Menschheit. Perser, Römer, Araber, Inkas beschäftigten Tausende von Stafettenläufern, die in der Lage waren, Nachrichten über Hunderte von Kilometern in kürzester Zeit zu übermitteln. Ohne ein solch hochentwickeltes Nachrichtenwesen wären ihre Großreiche wohl kaum regierbar gewesen.

Weniger aus antiquarischem oder gelehrtem Interesse (wenn es ihm sicher auch darum ging), sondern vor allem, um ein Vorbild zu geben, berichtet der Polyhistor E. G. Happel in seinen *Relationes Curiosae* ausführlich von diesen Stafettenläufern, denn in Europa war man (trotz der Bemühungen der inzwischen installierten Thurn & Taxis'schen Reichspost) von einer derartig perfekten Organisation der Nachrichtenübermittlung noch weit entfernt:

»*Der Sinesische Läuffer.* […] Es finden sich nechst denen vielfältigen reitenden Courierern in dem gantzen Königreich *China* auch sehr schnelle Botten. […] 3 oder 4 Welsche Meilen weit von einander [stehen] etliche Häuser, darinnen die Chinesische Bohten-Läuffer zu Fuß wohnen, derer jeder an seinem Gürtel viel hellklingende Glöcklein trägt. Diese halten sich gefast, alle Augenblick, da Königliche Briefe kommen, solche nach der nechsten Wohnung zu bringen. Ehe sie aber damit noch zu Stelle kommen, stehen allbereit andere frische Briefträger, die das Klingen des herankommenden Boten von ferne hören, bereit, welche die Briefe von ihm nehmen, um selbige nach der dritten Wohnung zubringen. Gehen also die Schreiben, ohne einiges niederlegen, solange durch vielerley, biß daß sie an ihren bestimmeten Orth gelangen. Mit dieser Weise geschieht es gar offt, daß der König in 3 Tagen eine *Avis* bekombt, oder neue Früchte erhält, die 10 Tagereisen von seiner Hofstatt entfernet. Solche Bottenläuffer sind alles Tributs befreyet, und bekommen über das von den Königlichen Rentmeistern für ihre Mühe eine gute Belohnung. *Marcus Polus* von Venedig schreibet, es habe der König in allen Landschafften an den Wegen und Heerstrassen viel Bäume pflanzen lassen: damit sie den Läuffern, Fußgängern und Wandersleuten die gerade starcke Linie des Weges zeigen möchten.«

»*Der Türckische Botten-Läuffer*. Man hat in gantz Türckey überauß schnelle Botten zu Pferde und zu Fuß. [... Die ...] lauffenden Botten [...] sind [...] überauß schnell, daß man sich billig zum höchsten darüber zu verwundern hat. So bald ihrer einer vom Sultan Briefe empfänget, dieselbe hie oder da hin zu bringen, so fängt er alsobald an zu lauffen, und zu ruffen: *Saulè, Saulè*, das ist, weicht, weicht! Diese können gleichsam in einem Athem Tag und Nacht an einem Stücke lauffen. In dem Munde halten sie eine durchlöcherte silberne Kugel, umb dadurch desto bequemer Lufft zu schöpffen. Kein Pferd ist ihnen an Geschwindigkeit gleich. Innerhalb zween Tagen ist einstmals einer von diesen Botten von Constantinopel nach Adrianopel, und von dannen in erstgemelte Stadt wieder zurücke gekommen, welche Reise mittelst der ringfertigsten Pferde in drei Tagen nicht mag verrichtet werden. An denen Fersen haben sie ein eysern auffgeschlagen Blech oder Huffeysen, wie die Pferde, dann sie haben durch das vielfältige Lauffen über den brennenden heissen Sand, gleich den Arabern, so harte Fußsolen, daß man eyserne Nägel darin schlagen und hefften kan, ohne ihre Empfindung. Man gibet vor, der Miltz sey ihnen in ihrer Jugend außgenommen, durch einen gewissen Handgriff, dessen die Türcken keine andere Nation wollen teilhafftig machen. Beygegebene Figur kan die Kleydung eines solchen Türckischen Läuffers besser darstellen, als viel Worte.«

»*Der Peruanische Läuffer*. Ich will dem *curieusen* Leser [...] nunmehro auch einen *Americanischen* Läuffer beschreiben. Solchem nach lesen wir in den *Americanischen* Schifffahrten , daß die *Ingas*, welches der Königliche Stamm in dem aller-mächtigsten *Americanischen* Königreich *Peru* war, unter andern guten Anstalten ihre lauffenden Botten und Posten, die ihre *Mandata* denen *Gubernatoren*, und derselben Antwort wieder zurücke brachten, gehabt haben. Sie wurden *Chasquis* genandt und hielten sich zu *Topo* bey anderthalb Meilwegs von der Königlichen Burg in zween kleinen Häußlein auff. Es sind alda auch noch 4 andere Peruaner gewesen, so alle Monate an alle Oerter verschicket worden. Diese lieffen

Der Türckische Bottenläufer

»... Diese können gleichsam in einem Athem Tag und Nacht an einem Stücke lauffen. In dem Munde halten sie eine durchlöcherte silberne Kugel, umb dadurch desto bequemer Lufft zu schöpffen. [...] dann sie haben durch das vielfältige lauffen über den brennenden heissen Sand [...] so harte Fußsolen, daß man eyserne Nägel darin schlagen und hefften kan, ohne ihre Empfindung.

E. G. Happel: *Relationes curiosae* (1683)

schnelle zu einem andern *Chasquis*, der schon *parat* stunde, und zeigten ihm den Befehl an. Einer davon konte in 24 Stunden 50 Spanische Meilen ablauffen, ohnerachtet das meiste von den zwischen liegenden Ländern wüste und öde war. Diese holeten dem *Inga*, oder Könige, alles, was er bedurffte, also, daß man zu *Cusco*, als der *Peruanischen* Königlichen Residentz-Stadt, fast immerdar frische See-Fische haben kunte, wiewol der Orth hundert Meilen zum Lande hinein gelegen.

Aber wo ist diese alte *Peruanische* Herrlichkeit? Wo der *Ingas* Pracht? Wo ihre Macht? Wo sind ihre Goldklumpen, und andere unschätzbahre Kostbarkeiten? Alles ist verschwunden, und der Eytelkeit zu theil geworden. *Fuimus Tröes* sagen sie nunmehr in *Peru*. Wir sind nicht mehr, die wir gewesen.«[1]

Die Post zu Fuß

Auch die deutschen Kaiser verfügten selbstverständlich über Botenläufer, wenn vielleicht auch ihre Organisation nicht so großartig und perfekt gewesen ist. »Man findet,« schreibt Happelius, »auch unter Christen solche schnellen Bottenläuffer und Trabanten, worunter insonderheit an vornehmer Herren Höfen bekandt sind, die so genandte Wallachen, die man entweder nach ihrem Vaterland Wallachey also nennet, oder weil ihnen der Miltz genommen ist. Diese lauffen überaus schnell.«[2]

Der Post- und Nachrichtenverkehr für ein breiteres Publikum allerdings entwickelte sich in Europa nur zögernd. In festen Diensten stehende und hauptberuflich laufende Boten arbeiteten zuerst für Klöster, Ritterorden und Universitäten, dann, mit dem Anwachsen der Städte, in zunehmendem Maß auch bei den Gemeinden und den freien Kaufmannschaften. »Mit der heutigen Post,« schreibt Otto Lauffer in seinem faktenreichen Aufsatz über den laufenden Boten, »war die Einrichtung des älteren Boten- und Läuferwesens noch nicht zu vergleichen. Sie war noch nicht für jedermann nutzbar. ›Es fehlte ihr Einheit, Zuverlässigkeit, Regelmässigkeit und Autorität, überhaupt fehlten ihr die Rechte und die Pflichten einer öffentlichen Anstalt.‹ Man hat mit Recht gesagt, das Eigenartige des mittelalterlichen Botenwesens sei die Regellosigkeit, die bei der Ausschickung der Boten in Bezug auf Ziel und Zeit herrschend war.«[3]

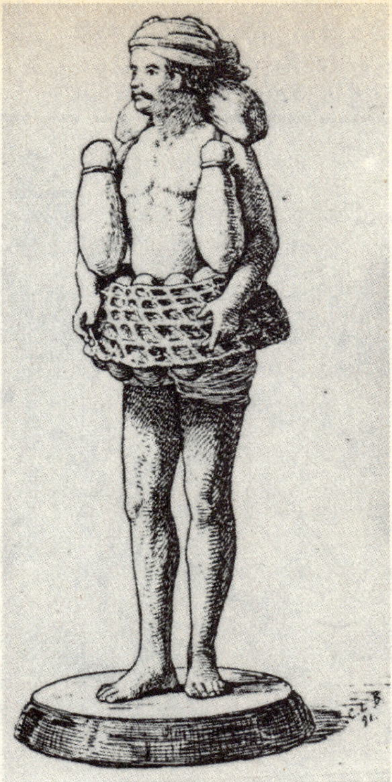

Der indische Posteilbote
Statuette im Reichpostmuseum.

»Unsere nach einer Statuette im Reichspostmuseum ausgeführte Zeichnung zeigt den braven Mann in einer eigenartigen Ausrüstung, welche er in einzelnen Teilen des britisch-ostindischen Reiches anzulegen gezwungen ist, um sich das Durchschwimmen der zahlreichen kleineren Flüsse, abseits der vielleicht nur auf großen Umwegen zu erreichenden Brücken, zu ermöglichen. Er trägt lediglich Schwimmhose und Kopfbund; die Hüften umgürtet ein Netz mit sieben großen Schwimmblasen, zwei weitere hängen ihm über die Schultern herab. Den Postbeutel trägt der Eilbote quer über den Nacken durch einen breiten Riemen festgehalten, der über die Stirn hinwegläuft. Jedenfalls hat die ganze Ausrüstung den Vorzug größter Einfachheit und beschwert den Bekleidungsetat der Behörde nicht übermäßig.«
Daheim (1891)

Jch bin gelouffen fert/vnd wytt
Nye lär das fleschlin was allzyt
Biß ich diß brieff den narren büt

Narrehte bottschafft.

Ob ich der botten nůn vergäß
Vnd jnn nit vorheit ouch zů mäß
Sie manten mich ee selber dran
Narren můssen eyn botten han

Der trunksüchtige Bote
Holzschnitt aus Sebastian Brant: *Narrenschiff*
Basel 1494

Der gemeine Mann – falls er überhaupt schreiben konnte oder Botschaften zu übermitteln hatte – war noch jahrhundertelang auf Gelegenheitsboten wie wandernde Gesellen, Gaukler, umherziehende Handwerker, Pilger und sonstiges fahrendes Volk angewiesen, deren Zuverlässigkeit aber, wie sich denken ließ, immer zweifelhaft blieb. Später waren es dann leibeigene Bauern, die Botendienste für ihre Herrschaft zu erledigen hatten. So erzählt z.B. der Verfasser der *Pommeriana*, daß von den mit Diensten überlasteten pommerschen Bauern das Sprichwort umgegangen sei, daß »sie nur sechs Tage in der Woche dienen, denen siebenten müssen sie Briefe tragen«.[4]

Nach den ersten bescheidenen Anfängen im Mittelalter war der Aufbau eines geregelten, in gewissem Umfang auch der Allgemeinheit zur Verfügung stehenden Nachrichtenwesens im 14./15. Jahrhundert weit fortgeschritten. In Aachen z.B. gab es bereits im 14. Jahrhundert »selbständige Boten, die auf eigene Gefahr gereist sind«. Um 1515 warten auf bestimmten und festgelegten Plätzen 24 laufende Boten auf Aufträge: »Hanns Lewpolt sitzt bei sant claren in osten wacht, Leonhart Altmann sitzt zu Osten, Hanns Weinzurl in Tensingers haus an s. Jacobshof« u.s.w.[6] Aus der ältesten Breslauer Botenordnung des Jahres 1573 geht nicht nur hervor, daß hier 40 Boten unter der Leitung und Aufsicht eines Oberboten zur Verfügung standen, sondern auch, daß diese Boten mit besonderen Privilegien ausgestattet und durch Diensteide gebunden waren. »Ein Louffer so schweren, getrüwlich und erlich zu dienen«, heißt es bereits um 1400 in einer Schweizer Vorschrift. Und die Frankfurter Botenordnung aus etwa der gleichen Zeit schrieb vor, daß sich die Boten, sobald sie ›einheimisch‹, d.h. sobald sie am Bestimmungsort ankamen, sofort in des Botenmeisters Wohnung zu begeben hätten und nicht erst in den Bierhäusern saufen dürften. Außerdem war ihnen verboten, irgendwelche Arbeiten nebenher anzunehmen, damit man sie jederzeit zum ›Lauffen‹ abberufen könne. Private Post beförderten diese Boten nur unter besonderen Umständen und bei Bezahlung von Meilen- und Trinkgeld; »...vnd wann ein Bürgermeister eim Bürger ein Botten leihet, vnd heisset der Bürger gehen, umb sein Lohn, das soll der thun«, heißt es in einem Frankfurter Ratsbeschluß von 1476.[8] Neben diesen vom Rat der Stadt angestellten Boten auf Abruf wurden später noch sogenannte ›Ordinari-Boten‹ angestellt, die in regelmäßigen, allerdings nicht allzuhäufigen Abständen auch Privatpost beförderten.

Nach ihrem jeweiligen Reiseziel wurden sie der ›Hamburger‹, ›Bremer‹, ›Nürnberger‹ etc. Bote genannt.

Botengänge über Hunderte von Kilometern, von Frankfurt nach Hamburg etwa, waren keine Seltenheit. Botenketten und Stafettenläufe, von denen Happel für die orientalischen und amerikanischen Großreiche berichtet, waren bei der Zersplitterung des Reiches in Kleinstaaten eher die Ausnahme als die Regel. Nur wo ein Landesherr über ein größeres zusammenhängendes Gebiet herrschte, konnten Stafetten organisiert werden. Wie ungewöhnlich und wenig selbstverständlich solch eine Postkette war, zeigt die konfuse Ausführlichkeit und Umständlichkeit einer Verordnung des Darmstädter Landgrafen Georg II., mit der 1617 zum ersten Mal eine regelmäßige und schnelle Fußpost von Marburg nach Darmstadt eingerichtet werden sollte:

»Mit unsern wochentlichen fusgehenden Bottenwerk von Darmbstatt uf Marpurg sol's nachfolgender gestalt gehalten werden: Es sollen der botten drey sein, einer zu Darmbstatt, der andere zu Ober-Roßbach, der dritte zu Gros-Linden. Zu Darmbstatt soll der Bott abgefertig werden alle Montag umb Zwölf Uhr in der Nacht, zu Frankfurth in unserm fürstlichen Hof soll er anlangen Dinstags umb Acht uhr vor mittags und sich zu besagtem Frankfurth nicht länger saumen als einige Stund'. Zu Ober-Roßbach soll er, der darmbstättische bott bis auf den Donnerstag stilliegen und ausruhen, Stracks aber und in eben der stund, darin der Darmbstätter Bot zu Ober Roßbach anlangt, soll der Ober Roßbacher bott fortlauffen, das er Dinstags umb Acht uhr gegen abend zu Großlinden sey und soll dort stiligen und außrasten, biß daß der Groß Lindner Bott von Marpurg widerkompt, der Groß Lindner bott soll angesichts nach ankunft des Ober Roßbacher Bothens die brieffe annehmen und forttragen, daß er mittags umb Neun oder zehn uhr vor mittags zu Marpurg sei. Von Marpurg soll er widerumb zurückllauffen, daß er Mittwochs umb Zehn uhr nachts zu Groß Linden sey. Von Groß Linden soll der daselbst stillgelegene und ausgeruhete bott alsbald, wenn der Groslinder bott widder ankombt, die brief annehmen und eylen, daß er Donnerstags vor mittags umb Neun uhr wider zu Ober Rospach sey. Der zu Ober Roßpach stillgelegene Darmstättische bott soll die brief, so der Ober Roßbacher bott mitzurückbringt, aufnehmen und eylen, daß er Donnerstags nach mittags umb Drey uhr zu Frankfurth in unserm fürstlichen Hof sey. Zu Frankfurth soll er sich aufhalten ein einige

Laufender Bote
Holzschnitt aus Jörg Wickram: *Der Jungen Knaben Spiegel*
Strassburg 1554

An zinstag vor sant Panracytag hand min herren Jäcklin Krûtlin als ain löffer der statt bestellt, also das man im zum ja ainest und jerlichs zu erung an aińem gewand 2 *lb* δ, und von ainr mil wegs, er loff nachtz oder tags, verr oder nach, 1 ß δ, undso er umb notdurft ain tag still lit, von dem still ligen 18 δ geben sol. Item und haut daruff der selb Jäckli Krûtlin gesworen zù gott und den hailigen mit uffgebotten vingern aim burgermaister und raut der staat Costentz trûw und warhait, und ob er usserthalb der statt, verr ald nach, ald in der statt ichtz hörte oder verneme, daruß oder davon der statt kumer oder schad uffderstan möchte, das er des ain burgermaister oder ain raut erinrenn und sy darin getruwlich warnen sol; und wen er och in der statt ist und ain clainer oder grosser raut sitzen wellm das er dann zùvor zù dem stattschriber keren, dem warten und im die rautzbücher und anders emphilht in die ratstuben tragen und daselbs vor aim raut warten, und die nücher dann widerumb hin in des stattschribers hus tùn sol. Sunder wenn im ain verre oder nach, nachtz oder tags, das er den unverzogenlich vollbringen, darin ain und ußloffen sol, in maß als im das wirdet emphohlen, und dawider nût verziehen in dehain wise ungevarlich.

Konstanzer Ratsbücher V (1430)

Ich bin ein berayter pot zu fueß
Derhalb ich mich vil leyden mueß
Es sey gleych Schnee/Wint oder Regen
So mus ich doch hinauß allwegen
Zu wasser vnnd landt überal
Vber hoch berg vnd tieffe thal
Durch finstere Wäld / stauden vnnd hecken
Da mich offt die schnaphannen schrecken
Vnd mir als nemen was ich thu tragen
Vnnd mir die hawt darzu vol schlagen
Im Winter leyd ich grosse kelt
Im Herbst mich das vngwitter quelt
Im Summer leyd ich grosse hytz
Da ich mich offt beym Wirt versitz
Vnd Ee ich gar verdien mein lon
So ist er offt vor hyn verthon
Wann es ist auff dem Landt gar thewr
Wo ich kum zu den Wirtten hewr
Will ich denn Essen mit dass mal
So ist das Pfenbart leychnam schmal
Das ich mich nit kan Essen sat
So bin ich denn so müd vnnd mat
Denn weyst man mich hyn auff ein hew
Des ich mich armer nit fast frew
Jedoch bringt mich das trüncklein hyn
Des hat der Wirt den besten gwyn
Er arnter lon ist potten lon
Weyl aber ich sonst nichsen kan
So lauff ich potschafft über felt
Ein yeden vmb ein zymlich gelt
In welches landt er nur wil habn
In Bayen/ Franckn oder Schwabn
An Reinstram oder Niderlandt
In Holandt/Seelandt oder Prabandt
In Vngern / Polen oder Prewsen
In Beham/ Meysen oder Rewsen
Ins Welschlandt/oder Franckreych
Oder wo er hin will der gleych
Getrewlich vmb gesetzten lon
Wer mein bedarff der Sprech mich an.

Der Berayterpot zu Fuß

Holzschnitt von Hans Guldenmund (16. Jhdt.)

»Botten und Briefftäger. Sie dienen Fürsten, Käysern, Königen, dem Pabst und dem Küster, und allen, die ihren Dienst nöthig haben, sonderlich sind sie auch den Kauffleuthen bereit und willig, und fürchten weder Wind noch Regen, weder Schnee noch Frost, weder Räuber noch Mörder, weder Wasser noch Koht, sondern lauffen Tag und Nacht, daß sie andere Leute Geschäft außrichten, und ihr bißlein Brodt erwerben mögen.«

Timotheus Polus: *Neu vermehrter lustiger Schauplatz*, 1664

stund und länger nicht und zu Darmbstatt wider sein Donnerstags zu nacht umb Acht oder Neun Uhr.«[9]

So konfus und umständlich dieser Plan formuliert war, so muß auch die Praxis ausgesehen haben. Jedenfalls setzten sich Stafettenläufe im deutschen Reich nie recht durch. Es waren die Boten selbst, die sich mit guten Gründen dagegen sträubten: Sie wurden pro gelaufener Meile entlöhnt und bekamen fürs Stilliegen und die Wartezeiten nur eine kleine Aufwandsentschädigung. Bei einer so unorganisierten Stafette kamen sie nicht auf ihre Kosten. Da war es ihnen lieber, weite Botengänge zu unternehmen, die sie sich selbst nach Gutdünken einteilen konnten.

Springstock und Gamaschen – die Ausrüstung der laufenden Boten

Spätesten mit dem Beginn des 16. Jahrhunderts war aus den Gelegenheitsboten der Anfangszeit, dem fahrenden Volk und den Bauern, die im Rahmen ihrer Frondienste gelegentlich auch Briefe beförderten, der fest, klar abgegrenzte Berufsstand des Laufenden Boten geworden. Auf ihre Gewerbebezeichnungen, mit denen man den laufenden Boten vom reitenden, bzw. fahrenden Courier unterschied, gehen noch heute geläufige Familiennamen wie Läufer, Lauffer, Löper, Bott etc. zurück. Die Ausrüstung der laufenden Boten bestand anfänglich in einem wetterfesten grauleinenen Gewand (wie es die Landbevölkerung allgemein meist trug) und, als besonderes Zeichen ihres Amtes, einem gegabelten Stock, in den der zu befördernde Brief, auf Pergament geschrieben, gefaltet und gesiegelt, eingeklemmt wurde. Später waren die Boten in die Farben der Stadt gekleidet, die Briefe trugen sie jetzt in einer Kapsel, der Botanisiertrommel ähnlich. Im 1637 gedruckten *New Parlament* des Sprachmeisters Daniel Martin wird folgendes Gespräch zwischen einem Straßburger Bürger, einem laufenden Boten und einem Fremden wiedergegeben: »Guter Freund ist das nicht ein geschworner Straßburger Bothe? – Ja es ist einer: wie ihr leichtlich an seiner Liberey [Livree] sehen könnt, welche ist ein halb weiß und rothes Röcklein; und an seiner Büchsen, die er vbers hertz hat, darauff der Stadt Wappen ist. [Nachdem der Bote seinen Auftrag bekommen hat sagt er:] So will ich denn hingehen, meine Gamaschen anziehen vnd meinen Springstock holen.«[10]

Das Stadtwappen, meist als kleines Metallschild gearbeitet, galt als Paß und Schutzbrief: »Zum Zeichen ihrer Reichsfreiheiten, daß sie auf den Straßen unangetastet bleiben sollen«, schreibt Christoph Weigel in seinen *Abbildungen derer gemeinnützlichen Hauptstände*, »haben sie gemeiniglich auf der linken Brust ein zierlich gemachtes und mit dem Wappen ihrer Landesherrschaft gezeichnetes Schildlein hangen. Diese Boten aber, so zu Fuß gehen, sind insgemein noch über dieses Zeichen mit einem Spieß versehen und bewaffnet, damit sie vermittelst desselben sowohl den Anfall der Hunde in den Städten und Dörfern, die sie passieren, von sich abwehren oder auch über Gräben desto füglicher fortkommen können.«[11] Ein kurzes Schwert vervollständigte häufig die Ausrüstung, denn der Beruf des Boten war, zumal in unsicheren Zeiten, nicht ungefährlich. Immer wieder wurden die Boten beraubt und erschlagen.

»Ein Lauffer und ein Lügner« – Der Leumund der Boten

»Der Zeitungen Ursprung leitet sich von den Posthäusern her«, schreibt Caspar Stieler 1695 in seinem Werk *Zeitungs Lust und Nutz*. In der Tat waren es die viel herumkommenden Boten, die, noch bevor es gedruckte Zeitungen gab, ihre Mitbürger mit den Neuigkeiten, der »Newen Zeitung« wie es damals hieß, versorgten. Heute noch gebräuchliche Zeitungstitel wie z.B. *Weserkurier* oder *Bargfelder Bote* erinnern daran. In der Bestellungsurkunde eines städtischen Läufers in Konstanz, die am 9. Mai 1430 ausgestellt wurde, wird der Bote ausdrücklich dazu verpflichtet, die Neuigkeiten nicht für sich zu behalten; mit »uffgebotten vingern« muß er schwören, alles was er auf seinen Wegen, fern und nah, hört, und woraus der Stadt »kumer und schad uffderstan möchte«, dem Rat der Stadt in »truw und warhait« zu berichten.[12] Doch nicht nur der Rat der Stadt interessierte sich dafür, was die Boten gesehen und gehört hatten. Regelmäßig, wenn ein Bote von weit her einlief, fanden sich die neugierigen Bürger in den Botenstuben (bzw. dem Wirtshaus), ein, um sich – gegen ein gutes Trinkgeld – die »newe Zeitung« berichten zu lassen. Daß es die Boten (wie heute die Zeitungen) dabei nicht immer ganz genau mit der Wahrheit nahmen und ihren Zuhörern gelegentlich auch gern einen Bären aufbanden, sagt das Sprichwort: »Ein Laufer und ein Lügner«.

Der Baseler Stadtläufer
der mit einer wichtigen Nachricht
in 24 Stunden von Straßburg nach Basel lief,
darauf vor Erschöpfung starb.
Steinplastik am Rathaus in Basel (vor 1508)

Die edle Tat eines Geschwindläufers, welcher an dem Hof des Kurfürsten Johann Friedrich Karl von Onstein (1743 - 173) angestellt war:

»Einst wurde zu Mainz eine Kindsmörderin zum Tode verurtheilt. Auf dem Weg zum Richtplatz durch die Stadt rührte diese Unglückliche das Herz einer vornehmen Dame, welche sogleich zum Kurfürsten fuhr, und Gnade für sie erwirkte. Der Kurfürst ließ seinen Geschwindläufer rufen, um den Gnadenbrief so schnell wie möglich zum Hochgericht zu bringen. Dieser von Mitleid beseelt, eilt durch die Straßen und des bergaufgehenden Weges unerachtet verdoppelt er seinen Lauf. Er kommt zum Thor hinaus, aus der Ferne schon ruft er Gnade, Gnade! und sein Ruf geht von Mund zu Munde bis zum Hochgericht, wo eben die Enthauptung vor sich gehen sollte. Die arme Sünderin wird losgebunden und sinkt ohnmächtig in die Arme des Geistlichen. Der gute Läufer wird vom Volk gleichsam im Triumph zurückgetragen. Der Kurfürst belohnte ihn, aber die außerordentliche Anstrengung, verbunden mit Angst, hatte seine Brust ergriffen, und er starb bald nach diesem edlen Lauf.«

Morgenblatt für gebildete Stände (1824)

»Ich bin die Post zu Fusz, ich trage disz und das [...]. Sobald ich angelanget, will jeder Zeitung fragen Da kann ich unverschnauft zwölf Dutzet Lügen sagen«, war auf einem Fliegenden Blatt des 17. Jahrhunderts zu lesen, mit dem der »Neue allamodische Postpot« dem Gespött preisgegeben wurde.[13]

Mit dem Leumund der laufenden Boten stand es nicht zum allerbesten: sie galten als faul, trunksüchtig, streitlustig, als Aufschneider und als große Lügenmäuler. Man mißtraute ihnen. Das *Betrugslexicon* aus dem Jahr 1721 widmete ihnen einen ganzen Abschnitt:

»Boten betrügen, wenn sie die Briefe auf eine subtile Art eröffnen und mit eben der Subtilität selbige wiederum zu machen, hernach aber die darin enthaltenen Heimlichkeiten entdecken. Wenn sie die mit Geld versehenen Briefe oder Packete bestehlen, das Geld verspielen oder versaufen und hernach vorgeben, sie hätten das Packet verloren oder seien unterwegens angegriffen und des Geld beraubt worden. [...] Wenn sie allerlei erdichtete Zeitung unter die Leute aussprengen und sie vor Evangelische Wahrheiten erzählen, mithin das daher entstandene Sprichwort ›es sind Boten-Avisen‹ wahr machen.«[14]

Was die Unzuverlässigkeit der Boten anbelangt, so ergaben sich 1562, als nach einigen Unregelmäßigkeiten eine Überprüfung der laufenden Boten in Hessen angeordnet wurde, die wunderlichsten Dinge. Ein Bündel angeblich verlorengegangener Briefe fand sich in einem Faß versteckt, ein anderer Brief lag weggeworfen in einem Winkel zwischen Pferde- und Gänsestall. Die Tage und Stunden des Abgangs und der Ankunft der Boten wurden selten korrekt eingehalten; oft wurden die Briefe von den verpflichteten und bezahlten Boten an Leute zur Weiterbeförderung weitergegeben, die gerade vorbeikamen und zufällig den gleichen Weg hatten. Es soll nicht selten vorgekommen sein, daß wichtigste Staatspost und Regierungsschreiben von Schneiderjungen und Schweinehirten befördert wurden.[15]

Ganz ähnlich wie das *Betrugslexicon* schreibt Garzonus in seinem *Allgemeinen Schauplatz*: »Was aber die Boten anbelangt, findet man auch ihre Mängel an etlichen und manche, der irre geht, wann er für einem Galgen fürrüber geht. Denn beneben anderer Untreue, so offtermals gespühret wird, dass sie die Brieffe aufbrechen, die Siegel verfälschen, Heimlichkeiten offenbaren und verrathen, sind sie auch meisterlich darauf abgerichtet, daß sie die

Der Neue allamodische Postpot
Flugblatt (17. Jhdt.)

Päck mit Geld, so ihnen anvertraut, aufmachen, verspielen, versauffen etc. und geben hernach für, sie seien angegriffen worden.«[16]

Daß Garzonus nicht übertreibt, zeigen die Eintragungen in Lersners *Franckfurter Chronick*:

17. Dezember 1574: »Seynd drey Diebe gehängt worden unter welchen einer ein Bott bey dieser Stadt gewesen«.

21. August 1575: »Ist ein kleines Männlein, Nahmens Nicolaus, ein Bott, so an einem Fuß gehinket [!], mit Ruthen ausgepeitscht worden. Dieser hatte auff der Eyffel [Schandmütze] einen Zettel, darauf stunde: Spieler und Flucher«.

Am 4. Dezember 1607 »kommt ein hiesiger Stadt-Bott mit grossen Unkosten zur Hafft, dieweil er nicht allein Ehebruch und Unzucht getrieben, sondern auch hin und wieder in seinem Schreiben Mord zu brennen getrohet, wie auch die Eltiste Herrn im Rath unverschuldeter Dingen hefftig diffamirt, die Herrn Burgermeister und den Rath zu Wissbaden an Galgen geschlagen. [D.h. wohl ein Pasquill auf die Behörde am Galgen angeheftet] ... seind ihm heut dato erstlich vor dem Römer am Springbrunnen die 2 Finger an der rechten Hand, damit er seinen [Dienst-]Eid geschworen, abgehauen, danach hinausgeführt und uff dem Gericht der Kopff abgeschlagen worden, dieser Kopff wurde oben auf dem Gericht in eine eiserne Spitz gesteckt, die abgeschlagenen Finger darbey affigirt, darauf der Körper unter dem Galgen begraben.«

Am 26. April 1616 »wird ein hiesiger Stadt-Bott, der einen Speyerischen Botten bey Marpurg ermorden helffen unter dem Galgen gerichtet, sein Körper auff ein Rad gelegt und der Kopff auf ein Spitz gesteckt.«[17]

Das Ende des laufenden Boten

Mit dem Ausbau einer reichsweiten und immer perfekteren Organisation der kaiserlichen Thurn und Taxis'schen Post, bzw. den noch Ende des 17. Jahrhunderts scharf mit ihr konkurrierenden »Ordinari-Posten« (reitende bzw. fahrende Post), die von den jeweiligen Landesherren eingerichtet worden waren, verloren die laufenden Boten, die ohnehin mehr im Geschwindschritt gegangen als im Dauerlauf getrabt sein dürften, immer mehr an Bedeutung und fielen nach und nach den Etatstreichungen zum Opfer. Im Juni

Eine Leipziger Gedächtnismünze (1703) zur Erinnerung an die Einführung der Straßenbeleuchtung, des Sänften-Taxis und die Verbesserung des Postwesens (1703):

»Auf der ersten Seite springet ein Lauffer mit schnellen Füssen daher / und oben stehet: SO LAVFFET DIE WELT DAHINN /…/ und unten heists: NVR VM DAS ZEITLICHE GVT. Hierauf siehet man zwey solche Träger / welche jemand in der Senffte daher tragen; in der Ferne ist Leipzig / und etwas näher ein Postillon zu sehen. Mit der Uberschrifft: IEDER NACH SEINEM SINN. Das ist / *wem es gefällt / der reitet / wem es gefällt / der läst sich in der Senffte tragen.*«

Thesaurus numismatum modernum. Historische Gedächtnuß-Müntzen. Nürnberg o.J. (um 1720)

1647 zum Beispiel erging an den Rentmeister in Felsberg die Order des hessischen Landgrafen, keine laufenden Boten mehr zu bezahlen, da jetzt alle Briefe mit der reitenden Ordinari-Post bestellt würden. Als der Rentmeister sich nicht daran hielt und weiter Ausgaben für Boten in Rechnung stellte, wurde er von Kassel aus scharf darauf hingewiesen, daß er künftig die Boten aus eigener Tasche zahlen müsse.[18] 1660 wurden von der brandenburgischen Kanzelei-Boten-Anstalt, die zuletzt unter Kurfürst Johann Sigismund (1608 bis 1620) reorganisiert worden war, 16 Boten entlassen und nur sechs für außergewöhnliche Fälle beibehalten.[19]

Um die Wende zum 18. Jahrhundert hatten im ganzen deutschen Reich die reitenden und fahrenden regelmäßigen Posten – zumindest auf den Hauptverkehrsstraßen dem Botenwesen ein Ende gemacht. Ein Indiz dafür sind auch die – im Vergleich zur reitenden und fahrenden Post – wenigen Reglements und Verordnungen in den Gesetzessammlungen und Landesordnungen, die die Laufpost betreffen. Johann Heinrich Ludwig Bergius *Kameralisten Bibliothek* (1762) z.B. verzeichnet im Abschnitt »Postsachen« etwas mehr als 90 juristisch gültige Verordnungen, Edicte, Mandata und Declarationen, von denen aber nur ganze zwei die »Estafetten«, d.h. die laufenden Boten betreffen.[20]

Die Schweizer Städte allerdings mißtrauten – zumindest wenn es sich um amtliche Schreiben handelte – noch um 1780 der Reichspost, und beschäftigten weiterhin ihre, in die Stadtfarben gekleideten, laufenden Boten. Auch die kleineren deutschen Städte, abseits von den vielbefahrenen großen Postrouten gelegen, konnten bis weit ins 19. Jahrhundert hinein auf Botenläufer nicht verzichten.

Briefträger und Ausrufer

In zwei Richtungen geht die Geschichte des berufsmäßigen Läufers im Verlauf des 18. Jahrhunderts auseinander: Auf der einen Seite entsteht der Beruf des Briefträgers, der die Ortszustellung besorgt bzw. die Briefe nur über kürzere Strecken transportiert, d.h. der Postbote, wie wir ihn heute kennen. Ursprünglich war es üblich, daß der Empfänger seine Briefe selbst auf der Botenstation abholte.

Eine regelmäßige Zustellung der Briefe in die Wohnung entwikkelte sich sehr zögernd, wie das Beispiel Berlin zeigt. Dort zählte

Die Wiener Klepperpost.
Kupferstich von Tomaso Venedetti (Ende 18. Jhdt.)

»*Der Courir*. Während des siebenjährigen Krieges, da jedermann auf Nachrichten neugierig war, trieb sich ein Wahnsinniger in geschäftiger Eil in den Straßen Berlins umher. Er hatte eine Tasche voll Papier über die Schulter gehängt, überreichte jedem wohlgekleideten Mann einen Brief und eilte mit den Worten: Hin und wieder, auf und nieder, mit gesunden Glieder sehen wir uns wieder – und mit einem Peitschenknall weiter.«
Museum des Wundervollen 3 (1804)

man 1712 vier Briefträger, 1779 sieben, 1828 fünfzig und 1937 dann 5000 Zusteller.[21] In Wien wurde diese Postzustellung, 1772 installiert, im Unterschied zur Fernpost »Kleine Post« genannt. Diese Briefträger waren mit einer Holzklapper (weshalb man sie auch »Klepperpost« nannte) oder einer Handglocke ausgerüstet, mit der sie, auf dem Hof oder auf der Straße stehend, ihr Eintreffen für die Hausbewohner anzeigten, die sich dann nach Ausrufung ihres Namens ihre Briefe beim Postboten bzw. Briefträger abholen konnten.[22] Die letzten Nachbilder dieses ehemalig städtischen Läufertums kann man heute noch in den Gemeindeboten kleinerer Dörfer erleben, die – mehr Ausrufer als »laufender Bote« – die Anordnungen des Bürgermeisters bekannt geben oder etwa mitteilen, wann das Wasser abgestellt wird.

Die zweite Richtung, in die sich der Beruf des laufenden Boten (und hier tatsächlich mit dem Akzent auf »laufend«) weiter entwickelte, war die des höfischen Galaläufers:

»Heut zu Tage sind die Läufer [heißt es 1722] nur noch bei vornehmen Herren in Gebrauch, welche aber mehr zum Staat als zum Nutzen dienen.«[23]

Lebensläufe I

Johannes Storck – ein Unikum

Einer der letzten Gemeindeläufer, der noch über weite Strecken Botenläufe erledigte, dürfte Johannes Storck aus Reinhards in der Rhön gewesen sein. Er wurde am 25. Januar 1833 geboren. – Zu spät, um noch wirklich gebraucht zu werden, und zu früh, um sportliche Lorbeeren ernten zu können, wählte er die Rolle eines Dorftrottels. So jedenfalls stellen ihn die spärlichen Erinnerungen von Zeitgenossen dar, die lange nach seinem Tod von einem Heimatforscher aufgezeichnet wurden.[24] – Ein tragischer Fall unzeitgemäßen Talents.

Storck galt als Unikum und war wegen seiner handfesten Streiche bei den Dorfbewohnern gefürchtet. Selten genug wurde er zu wirklichen Botengängen gebraucht. Und da er der Feldarbeit abgeneigt war, hatte er genügend Zeit, zu trainieren und seiner Lauf-Kunst zu frönen, wobei er, wie es scheint, neue Lauftechniken zu

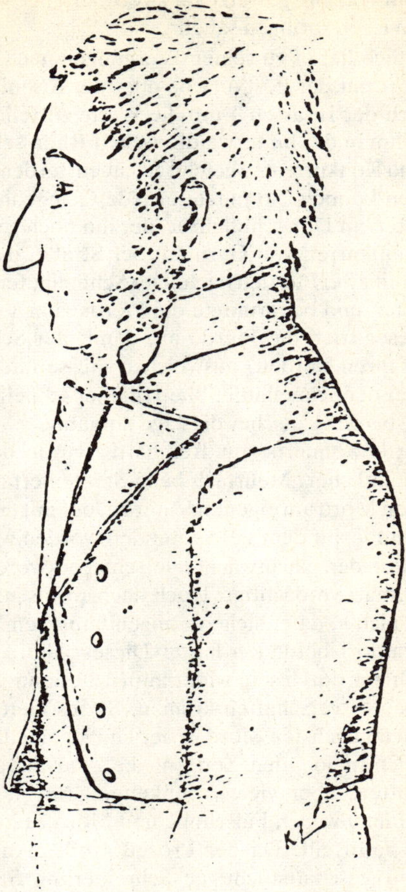

Johannes Storck, Schnelläufer in Reinhards/Rhön
Titelholzstich eines Moritatenheftchens

entwickeln versuchte. Die Bauern nannten ihn »bekloppt« und tippten mit dem Finger an die Stirn, wenn sie ihn, bekleidet mit leichten Schuhen und gestützt auf zwei überlange »Spazierstöcke«, durch die Wiesen springen sahen.

Gelegentlich lief er zu seinem Vergnügen nach Fulda oder Hanau, um dort mit der Postkutsche oder der Eisenbahn – sehr zum Verwundern der Insassen – um die Wette zu rennen. Überhaupt scheint es ihm in der hinterwäldlerischen Rhön sehr an Trainingspartnern und Konkurrenten gefehlt zu haben, an denen er sein Talent hätte messen können. So nutzte er jede Gelegenheit. »Einst fuhr er,« berichtet ein Dorfschullehrer, der ihn noch gekannt hat, »mit seinem Schubkarren voll Garn auf der Straße, und ein Kutscher folgte ihm mit zwei Pferden nach. Der Schnelläufer hüpfte vor dem Wagen herum und beunruhigte die Pferde zum Verdruß des Kutschers. Dieser trieb die Pferde an, damit der Schelm (wollte er nicht überfahren werden) ausweichen müsse und er vorbeijagen könne. Aber der Schnelläufer blieb (immer schneller werdend) auf der Straße, bis der Kutscher die Jagd aufgab.«

Den Dorfbewohnern von Reinhards wurde der Schnelläufer immer unheimlicher. Mehrfach beim Stehlen ertappt, traute man ihm auch den Mord am eigenen Vater zu, der mit einer merkwürdigen Kopfwunde auf dem Feld gefunden worden war. Als ein paar Dörfer weiter der Nachtwächter erschlagen worden war, wurde Storck abermals verdächtigt. Doch nachzuweisen war ihm in beiden Fällen nichts, da er sich zur angenommenen Mordzeit in seinem Heimatdorf befunden hatte: Dieses Alibi, so raunte man, habe er sich nur durch sein widernatürliches und nutzloses Talent als Schnelläufer verschaffen können. So ins Gerede gekommen, genügten beim nächsten Mord in der Umgegend die Aussagen der zahlreich sich meldenden Zeugen, die zwar alle nichts Genaues gesehen hatten, aber vieles munkelten. Am 4. Juli 1865 wurde Storck in Hanau wegen Fälschung und Mord zu lebenslänglichem Zuchthaus verurteilt. Da der Prozeß großes Aufsehen machte, verfaßte ein geschäftstüchtiger Schreiberling Storcks Lebens-, Mord- und Prozeßgeschichte und ließ sie, versehen mit einem Porträt des Schnelläufers, als 32seitiges Heftchen drucken. Seine Strafe büßte Storck zunächst in Marburg ab, später in Halle a.d. Saale, wo er bis 1895 einsaß. Wegen geistiger Umnachtung wurde er ins Landeshospital Kloster Haina verlegt. Dort starb er 79jährig nach fast 50 Jahren Haft am 1. September 1912 an Altersschwäche.

»Er hat sich [berichtete die Anstaltsleitung] zeitweise mit Strümpfestricken beschäftigt. Bei seinen Reden brachte er vielfach Bibelsprüche vor und las oft in Gebetbüchern. Von seinem Schnellllaufen hat er öfters gesprochen.«

Auf eine andere Art, als Johannes Storck es sich gewünscht haben mochte, wurde er doch noch zu einer Berühmtheit. Noch lange Jahre nach seiner Verurteilung sang der Bänkelsänger auf den Kirmessen in der Rhön und im Vogelsberg:

»Schauderhaft ist die Geschichte, was uns das Gedichte spricht,
doch es kam ans Tageslichte, wenn es auch im geheim geschieht.
Unsres treuen Bruders Blut war gemordet um sein Gut. [...]
Untersuchung ward gleich vorgenommen, niemand war dazu gekommen.
Von der Aussag' vieler Menschen kam Johann Storck in Verdacht,
weil er viele Raubversuche an demselben Tag gemacht.
Er ward darauf arretiert und nun vor Gericht geführt.
Gott sei Dank der Ordnunghalben und der ganzen Polizei.
daß man seines Wegs kann wandern sicher wieder frank und frei.
Der Mörder ist nun aufgerafft und in Sicherheit gebracht.«

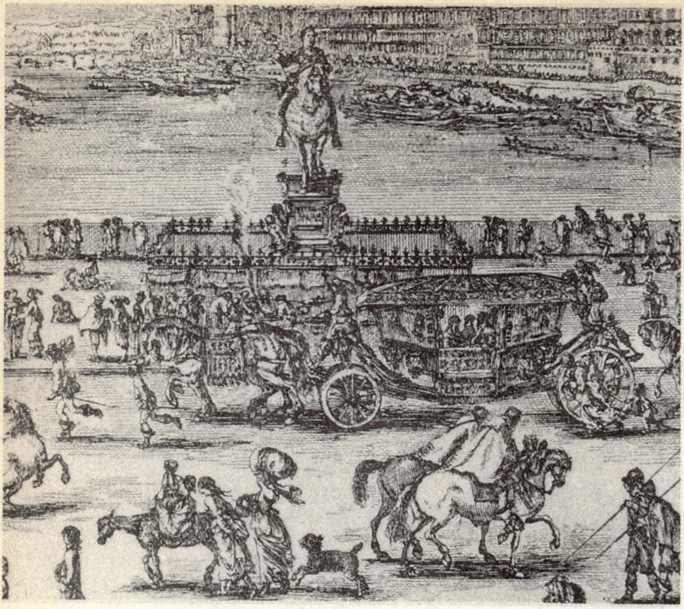

Herrschaftliche Kalesche mit Vorläufern
auf dem Pont neuf in Paris
Kupferstich von Stefano della Bella (17. Jhdt., Ausschnitt)

Herrschaftliche Läufer, die vor den Kutschen der Reichen vorwegliefen, gehörten im 18. und noch zu Beginn des 19. Jahrhunderts zum allgemeinen Straßenbild der *Corsi* und Promenaden zumindest in den Residenzstädten. Nicht nur in Paris, wie oben zu sehen, sondern auch in Berlin: »Unter den Linden ist es immer lebhaft. Die Equipagen der Großen sind [...] auf beiden seiten in beständiger Bewegung, die Federn auf den Hüten der grünen Leibjäger und Husaren mit den chamarrirten Koppel über die Schultern neben den anderen Domestiquen flattern in den Lüften, in des der rote Läufer mit dem blauen Schürzchen zur Abendzeit mit einer Fackel – leichter als ein Hase vor dem Wagen herspringt.«

Vgl. Justus Conrad Müller: *Gemählde von Berlin, Potsdam und Sanssouci*. London (r.: Nürnberg) 1742

2. Kapitel

Der herrschaftliche Laufer

Vorläufer als Statussymbol

»Heut zu Tage sind die Läufer«, schreibt 1722 Hübners *Handlungslexicon*, »nur noch bei vornehmen Herren in Gebrauch, welche aber mehr zum Staat als zum Nutzen dienen.«[1] Deutlicher definiert noch Amaranthes *Frauenzimmer-Lexikon* von 1773: »Läufer nennet man eine gewisse Art Aufwärter großer Herren [...]. Sie müssen vor den Carossen herlaufen und werden zum geschwinden Verschicken gebraucht.«[2]

Ursprünglich hatte der Vorläufer eine höchst wichtige Aufgabe: Als im 16. Jahrhundert die Mode aufkam, nicht mehr zu Pferd oder in einer Sänfte, sondern in einer Kutsche zu reisen, gab es außerhalb der Städte kaum befahrbare Straßen. Bei einer Reise über grundlose Wege, über Stock und Stein, war der Vorläufer unerläßlich: er erkundete den Weg, lief bei Nacht mit einer Fackel voran und sprang bei den nicht seltenen Wagenumstürzen, Radbrüchen etc. als zusätzliche Hilfskraft mit ein. In den Städten schaffte er – es gab ja noch keine Verkehrsregeln – durch lautes Rufen und Austeilen von Schlägen Platz und kündigte am Ziel der Reise die baldige Ankunft seiner nachfolgenden Herrschaft an.

Von der Stadtfahrt des reichen Juden Texeira in Hamburg berichtet ein Text aus dem Jahr 1668: »Es kam Einer gefahren in einer schönen mit Samt gefütterten Kutsche. Neben der Kutsche lief ein Diener in Livree gekleidet. Und als der Kutscher stillhielt, machte der Diener nach tiefer Reverenz die Kutsche auf und hub einen alten Mann heraus.«[3]

Mit der allmählichen Verbesserung der Infrastruktur verlor der Vorläufer an praktischer Bedeutung, er entwickelte sich mehr und mehr zu einem Statussymbol, das Reichtum und Macht des jeweiligen Dienstherren zur Schau stellen sollte. Wer sich neben den zahlreichen anderen notwendigeren Dienstboten und Lakaien auch noch Läufer leisten konnte, dokumentierte damit, daß er zum Hochadel gehörte.

Silberschnallen an den Schuhen

Ihrer repräsentativen Funktion entsprechend waren die herrschaftlichen Läufer in auffällige und kostbare Livreen gekleidet (die, wie eine Aufstellung von 1779 zeigt, den Haushaltsetat nicht wenig strapazierte): Die erzbischöflichen Laufer in Salzburg z.B. trugen eine Grenadiermütze mit Federbusch, eine bestickte Livree mit geschlitzten Ärmeln und Schulterschleifen, Silberschnallen an den Schuhen, und einen Botenstock (Zeichen ihres Berufes) mit Silberknauf. Ähnlich prächtig war der herzoglich-mecklenburgische Läufer Joachim Heinrich Ehrke ausstaffiert, wie sein Porträt, das ihn schon in fortgeschrittenerem Alter zeigt, beweist.

Über die – für die eigentliche Berufsausübung wenig praktische – Läuferkleidung der herzoglich-darmstädtischen Läufer schreibt Wilhelm Hamm in seinen *Jugenderinnerungen* (1881): »Den Eindruck der düsteren Räume des Schlosses auf mich verstärkte nicht wenig die Entdeckung von gewissem Torturwerkzeuge in einem Nebengemach der Silberkammer, deren Bedeutung und Wirkung mir mein Vater erklärte; es waren die sogenannten spanischen Krägen und Mäntel [der herzoglichen Laufer], und sie sahen aus, als ob sie jeden Tag frisch gebraucht werden könnten. [...] Damals rannten dem fürstlichen Wagen zwei Laufer voraus; oft hab' ich sie noch gesehen; abends bei den Theaterfahrten in silberstrahlender knapper Livree, einem hohen weißen Federbusch nickend auf der runden Kappe mit unterwärts gekehrten Fackeln in den Händen.«[4] Daß die Zahl der herrschaftlichen Laufer im 18. Jahrhundert beträchtlich gewesen sein muß, geht aus der Tatsache hervor, daß zur Zeit Maria Theresias allein am Wiener Hof 14 prächtig livrierte Läufer beschäftigt wurden.[5] »Wenn diese [prächtige Läuferlivree] sich mit einer jungen und frischen Gestalt verband, so konnte man nichts Gefälligeres sehen; leider machte die Zeit, der unermüdlichste aller Läufer, auch an ihnen ihr Recht geltend, und es gewährte einen peinlichen Eindruck, Leute mit greisem Haar in diesem jugendlichen Aufzuge mit den Rossen an Geschwindigkeit wetteifern zu sehen.«[6]

Die Eitelkeiten und Launen der Herrschaften, die sich Luxuslakaien als Statussymbole halten konnten, färbten auf die Läufer ab, die sich durchaus als etwas Besseres dünkten. Wie ehrkäsig-kleinkariert sie auf ihre Privilegien und Sonderstellung achteten zeigt eine Meldung aus der *Vossischen Zeitung*, Berlin 1751:

Kleidung eines Erzbischöflich-salzburgischen Läufers (18. Jhdt.)
Kostümpuppe im Städtischen Museum Salzburg.

Anzeige in der *Schlesischen Priviligirten Zeitung*,
Breslau 24. Januar 1798:

»Laufer wird gesucht. Es wird ein junger Lauffer gesucht, der eine gute Figur hat, einen vortheilhaften Abschied aufweisen kan, barbiert und frisirt, geschickt in der Bedienung ist, ausgezeichnet schnell läuft, und große Touren aushalten kann. Sollte sich ein solches Subjekt finden, so muß es sich vor dem 28. dieses Monats auf dem Schlosse in Kratzkau bey Schweidnitz melden, wo es eine sehr gute Station zu erwarten hat.«

Zu einer Läuferbekleidung mit 1 Par Beinkleidern.

5 Ellen Tuch, à 20 Gr. - -	4 Thl.	4 Gr.	— Pf.
12 E. Soy zum Futter, wobey 5 E. zum Schurz und Bunde, à 6 Gr.	3 =	— =	— =
3 Dutzend Rockknöpfe, à 5 Gr.	— =	15 =	— =
2½ Dutzend Westenknöpfe, à 2 Gr. 6 Pf. - - - - -	— =	6 =	3 =
1½ Loth halbseiden Kamelgarn	— =	9 =	— =
3 E. Barchent in Westenleib und 1 Par Beinkleidern, à 6 Gr. -	— =	18 =	— =
2 E. Leinwand in die Rockärmel und Taschen, à 5 Gr. - -	— =	10 =	— =
1½ E. Steifleinwand, à 3 Gr.	— =	4 =	6 =
1 Par Gürtel - - -	— =	4 =	— =
Für Nähseide - - -	— =	3 =	— =
Dem Tuchscheerer - -	— =	2 =	6 =
Für den Habit nebst Schurz und Bund zu machen - -	1 =	20 =	— =
Desgleichen ein gutes Casquet	2 =	20 =	— =
Ein dazu gehöriges Schild -	3 =	— =	— =
Federn und Schleife dazu -	3 =	4 =	— =
8 Loth Gold an 5 Ellen, wovon jede 1 Loth wiegt, desgleichen die Quasten, à 3 Loth zu 1 Thl. 2 Gr.	8 =	16 =	— =
Desgleichen ein schlechtes Casquet mit Einfassung von schwarzem Bande - - - -	3 =	4 =	— =
Ein Buchstab statt des Schildes	— =	16 =	— =
Bandschleife und Stutz -	1 =	4 =	— =
Einen Stab, nähmlich fürs Rohr, mit versilbertem Knopf, und Beschläge	12 =	— =	— =
Summa	46 Thl.	16 Gr.	3 Pf.

Kostenaufstellung zu einer Läufer-Livrée und -Ausrüstung
Aus J. G. Krünitz: *Oeconomische Encyclopädie*
Berlin 1779

»Meiland, vom 6. April. Vorige Woche entstand über eine geringe Sache ein großes Lermen, welches allem Ansehen nach blutige Folgen gehabt haben würde, wenn die Klugheit des Gouverneurs nicht vorgebaut hätte. Die in großer Anzahl in den Diensten des hiesigen Adels stehenden Läufer hatten gesehen, daß die Häscher [die städtischen Polizeibeamten] Feldbinden, und mit Bändern von allerhand Farben eingefaßte Schue trügen. Sie glaubten [durch] diese Tracht sich zu entscheiden [zu unterscheiden] käme ihnen alleine zu, und ermahnten also die Häscher sich derselben zu enthalten. Weil diese aber sich nicht im geringsten daran kehren wollten, so fielen die Läufer einen auf diese Art gekleideten Häscher an, und nöthigten ihn auf öffentlicher Strasse die Schue auszuziehen. Seine Kameraden wurden hierdurch entrüstet und droheten den Läufern mit nichts geringerem als mit Mord und Todschlag. Die Läufer aber rotteten sich auf diese Drohung zusammen und erschienen mit Pistohlen bewafnet auf dem großen Markte. Sie waren eben im Begrif einander anzufallen, als sich der Gouverneur ins Mittel schlug, und verordnete, daß die Häscher künftig nur allein blaue Feldbinden tragen und ihre Schue nur mit Band von der Farbe des Schues besetzen sollten. Hiermit waren beyde Partheyen zufrieden, und gingen ohne Tätlichkeiten wieder auseinander.« (Vossische Zeitung 1751, Nr. 51)

Gewisse Übungen in bleiernen Schuhen

Zur Repräsentation als Vorläufer wurden die herrschaftlichen Laufer natürlich nur bei großen Festen gebraucht, oder dann, wenn die Herrschaft in der Residenz Hof hielt und mit der Kutsche ausfuhr. Sonst wurden die Laufer als Galopins verwendet, d.h. sie hatten, quasi als private Post ihrer Herrschaft, Briefe und Bestellungen von Stadtpalais zu Stadtpalais zu übermitteln. Wenn sich die Herrschaft aber auf ihren Gütern oder entlegenen Schlössern befand, wurde der Laufer in seiner eigentlichen Funktion als laufender Bote verwendet. Dabei waren oft große Strecken zu bewältigen. So stand z.B. in den Diensten der Markgräfin Wilhelmine von Bayreuth ein Laufer namens Leykam, der ihr während des Siebenjährigen Krieges die Mitteilungen ihres Bruders Friedrichs des Großen über alle wichtigen Ereignisse in Schlesien umgehend zu überbringen hatte.

Dabei vollbrachten diese herrschaftlichen Laufer oft ganz erstaunliche Leistungen. Beckford erzählt in seinen Briefen aus Italien: »Ich war im Frühling des Jahres 1766 in Piacenza und schickte meinen Läufer nach Mantua. Er konnte nicht vor sechs Uhr morgens aufbrechen, da die Thore der Stadt erst um die Stunde geöffnet wurden. Die Antwort, die er zurückbrachte, war von zwei Uhr nachmittags datiert. Er überreichte sie mir frühzeitig am anderen Morgen, noch ehe ich aufgestanden war; auch entschuldigte er sich noch, nicht an demselben Tag zurückgekehrt zu sein. Die Entfernung beider Städte scheint, der Karte nach, 60 Meilen zu betragen, doch ist der Weg in der Wirklichkeit viel weiter. Diese Leute können Wunder tun, aber es ist grausam sie ohne Noth auf die Probe zu stellen.«[7]

Da es bei Kurierdiensten vor allem auf die Schnelligkeit und Ausdauer der Läufer ankam, die nicht nur Talent, sondern auch Training und die Kenntnis von Lauftechniken voraussetzen, wurde der Lauferberuf zu einem regelrechten Lehrberuf. Der großherzoglich-mecklenburgische Laufer Joachim Heinrich Ehrke bildete während seiner 43jährigen Dienstzeit am Schweriner Hof elf Lehrlinge, darunter drei eigene Söhne, zu Läufern aus.

Wie eine solche Lehre im einzelnen aussah, ist nicht überliefert. Vermutlich bestand sie in der Beachtung mehr oder weniger strenger und sinnvoller Diätvorschriften, in Atemübungen und der Vermittlung geographischer Kenntnisse, vor allem aber in praktischem Training: »Zum Laufen werden sie von Jugend auf abgerichtet, durch gewisse Uebungen in bleyernen Schuhen, die am Gewichte von Zeit zu Zeit vermehrt werden. Es wird zwar auch dann und wann Mittel angewendet, das Stechen der Milz zu heben, keineswegs aber wird ihnen, wie einige Einfältige dafür halten, die Milz herausgeschnitten.«[8] Stattdessen lernten die Lehrlinge, in regelmäßigen Zügen durch die Nase zu atmen, bei etwa doch auftretendem Seitenstechen, beide Fäuste in die Seiten zu drücken [9], oder auch überhaupt vorsorglich »die Hüften eng« zu schnüren.[10]

»Einige gelernte Läufer pflegen ihrem Lehrlinge gleich anfangs eine ziemlich schwere Uebung aufzulegen, indem sie ihn eine Zeitlang auf unebenem Boden, z.B. im frisch geackerten Felde, oder im tiefen Sande, bis zum Hinstürzen herumjagen; – eine Methode, die zwar an sich nicht zu tadeln ist, weil der Lehrling dadurch lernt, die Schenkel zu heben, welche aber leicht übertrieben wird. An-

Einer der 14 Laufer des kaiserlichen Hofs in Wien.
Kupfer von Weigel (um 1710)

»Diese Unglücklichen laufen in der Stadt und in den Vorstädten stets der Kutsche ihrer Herrschaft voraus. Sie halten diese Anstrengung nur drei oder vier Jahre aus und sterben gewöhnlich an der Auszehrung. Ermüdung und Krankheit sind aus ihren bleichen und hageren Gesichtszügen zu erkennen; wie das zum Opfer bestimmte Schlachtvieh sind sie mit Blumen bekränzt und mit allerhand Flitterwerk geziert«.
Mrs. Saint Georges (1801)

dere nehmen den Lehrling an die Hand, und laufen mit ihm so lange, bis er nicht mehr kann. Man hat Beyspiele, daß ein solcher gleich nach dem ersten Versuche vom Blutsturz befallen, und kurz darauf gestorben ist.«[11]

Außerdem scheint der Gebrauch von Geheimrezepten überliefert worden zu sein. Schon Plinius nennt gewisse Arzneimittel, denen man die Wirkung zuschrieb, die Milz »aufzulösen«; er nennt die Pflanze, die dazu gebraucht wurde *equisetum*. Die Läufer der Antike tranken drei Tage lang einen Sud daraus, nachdem sie vierundzwanzig Stunden lang nüchtern geblieben waren. Coelius Aurelianus und Marcellus Empiricus nennen noch andere Mittel zur Milzabschwellung.[12]

Eine Menge solcher Läufer-Geheimrezepte muß ein 1782 in Leipzig erschienenes *Medizinisches Handbuch für Läufer, aus den Papieren des Herrn D. Kästners (zu Breslau), von C. C. B. Bergmann* verzeichnet haben. Leider ist das schmale, drei Bogen (also unter 100 Seiten) starke Bändchen heute nicht mehr aufzufinden, sodaß man sich darauf verlassen muß, wie der Verfasser der Artikels *Läufer* in Krünitz' *Oeconomisch-technologischer Encyclopädie* (1795) hierüber urteilt:

»Eine Sammlung äußerst schlechter Recepte, *die um hundert Jahre zu spät kommen* [Hervorhebung S. O.]. Man findet sogar unter diesen betriegerischen Reliquien: ›ein Säckchen im Laufen anzuhängen, so kann dir keiner nichts thun, das Säckchen muß aber von deinen eigenen Hosen oder Strümpfen seyn.‹ Bisweilen sollte man fast glauben, die Recepte seyn als Sarcasmus niedergeschrieben, aber der Herausgeber schließt seine dürre Vorrede: ›ich glaube, das Jeder, der sich nur einmahl dieser angegebenen Mittel bedient, den Gebeinen des Verfassers vielen Dank in die Erde zurufen wird;‹ das heiß ich einen Narren- oder Wunder-Glauben.«[13]

Falls man der Beobachtung der Mistreß Saint Georges glauben schenken will, scheint der Beruf des Läufers trotz allen Trainings und aller Vorsichtsmaßregeln sehr anstrengend und verschleißend gewesen zu sein. »Diese Unglücklichen«, schreibt sie 1801 in ihrem Reisejournal über die Laufer in Wien, »laufen in der Stadt und in den Vorstädten stets der Kutsche ihrer Herrschaft voraus. Sie halten die Anstrengung nur drei oder vier Jahre aus und sterben gewöhnlich an der Auszehrung. Ermüdung und Krankheit sind aus ihren bleichen und hageren Gesichtszügen zu erkennen; wie das zum Opfer bestimmte Schlachtvieh sind sie mit Blumen bekränzt und mit allerhand Flitterwerk geziert.«[14] Über Todesfälle durch Überanstrengung wird häufiger berichtet, sie dürften aber doch die Ausnahme gewesen sein, denn andererseits hört man von Läufern, die ohne irgendwelche gesundheitlichen Schäden 20 bis 40 Jahre lang ihren Dienst versahen.

Dreimal täglich 20 Meilen

Die Leistungen der Läufer waren – was Geschwindigkeit, Ausdauer, und tägliche Dauerbelastung betrifft – ganz erstaunlich.

»Die Läufer tranken Weißwein und aßen harte Eier«, heißt es in einer englischen Handschift von 1780. »Vor einigen Jahren begegnete mir einer; er führte ein wenig Weißwein [mit sich] in dem großen silbernen Knopf, der an seinem Rohrstock saß und abgeschraubt werden konnte. Er erzählte mir seine Thaten. Er war bisweilen dreimal täglich 20 Meilen (three score miles), also stündlich 7 Meilen, gelaufen. In unebenen Gegenden, meinte er, kann man einer sechspännigen Kutsche voraus bleiben; in der Ebene aber sähe man sich zuweilen genötigt, dem Kutscher mit dem Stocke ein Zeichen zu geben, daß er die Zügel anziehen und weniger schnell fahren möge.«[15]

Zur (quasi berufserhaltenden) Standesehre der Läufer gehörte es, schneller und ausdauernder als ein Pferd laufen zu können. »Geübte Läufer«, schreibt die *Oeconomische Encyclopädie* von Krünitz; »kommen Pferden zuvor, oder halten solche Bewegungen doch viel länger aus; und selbst bey gemäßigter Bewegung, wird ein Mensch, der des Gehens gewohnt ist, täglich weiter kommen, als ein Pferd, und wenn er nur eben so weit geht und so viele Tage gegangen ist, das Pferd nicht mehr fort kann, wird er im Stande seyn, noch weiter zu gehen, ohne viel Beschwerde zu empfinden.«[16] Was die Ausdauer betrifft, so wird die Überlegenheit des Läufers gegenüber einem Pferd mehrfach durch die Quellen bestätigt. Wollte aber ein Läufer über kurze Strecken schneller als ein gutes Rennpferd laufen, so riskierte er Leben und Gesundheit. Geschichten wie die folgende werden häufiger erzählt: Der Herzog von Malborough lenkte eigenhändig einen mit vier schnellen Pferden bespannten Phaeton von Windsor nach London, als er von einem ehrgeizigen Läufer überholt wurde. Herausgefordert nahm er die Verfolgung auf; es gelang ihm tatsächlich nicht, den Läufer zu überholen, der als erster zum Ziel kam – dort aber auf der Stelle an Erschöpfung und Überanstrengung starb.[17]

So wie der Adel seinen Ehrgeiz darein setzte, besonders schöne und schnelle Pferde zu besitzen, so war es auch zeitweise Mode, besonders gute Läufer zu beschäftigen, und sie – darüber wird noch ausführlicher berichtet – mit den Läufern der Rivalen um die Wette rennen zu lassen. So wie die Bevorzugung bestimmter Pferderassen der Mode unterworfen war, galt es um 1800 in Wien als besonders schick, italienische Läufer zu beschäftigen, während man in Frankreich mehr von den läuferischen Qualitäten der Basken überzeugt war. Gute Läufer jedenfalls waren gesucht, wurden gut entlohnt, und standen in hohem Ansehen. Kein Wunder, daß sich talentierte junge Burschen darum rissen, als Läufer oder Läuferlehrlinge bei den Herrschaften in Dienst zu treten, von denen bekannt war, daß sie sich einen guten »Läuferstall« leisteten. Bevor sie allerdings angestellt wurden, mußten die Bewerber – die Auswahl war groß – Probeläufe unter den Augen der kritischen Herrschaft absolvieren.

»Der Herzog von Queensbury [...] pflegte nur solche Läufer in seinen Dienst zu nehmen, die er zuvor erprobt hatte. Er stellte sich in Picadilly auf seinen Balkon und sah den Unglücklichen zu, wenn sie so lange liefen, bis sie von Schweiß trieften. Die Bewerber kleideten sich vor der Prüfung in die Livrée Seiner Herrlichkeit [vermutlich damit dieser, wie es im Jargon der Pferdehändler heißt, auch das ›Exterieur‹ prüfen konnte]. Eines Tages meldet sich ein Mensch; man kleidete ihn an und er schickt sich an, eine Probe seiner Fertigkeit abzulegen. Wie es scheint war er in seinem Fache sehr geschickt, denn nach einer schweren Prüfung sagte Seine Gnaden zu ihm ›Ich werde dich sehr gut gebrauchen können, junger Mann.‹ – ›Und ich werde Ihren Rock ebenfalls gut gebrauchen können‹, erwiderte Jener, läuft bei diesen Worten davon und läßt sich nicht wieder sehen. Der Herzog von Queensbury hätte dem Schelm Jemand nachschicken können, hütete sich aber wohl, denn er hatte bemerkt, daß Jener besser lief als alle seine Leute.«[18]

Diese Anekdote klingt wie die Geschichte, die der Baron von Münchhausen über seinen Läufer erzählte (und mit der er – bzw. G. A. Bürger – wohl das Schwadronieren der Adligen über ihre ›Wunderläufer‹ karikieren wollte): »[...] Als ich kaum einige Mei-

Der Läufer in Erwartung eines Auftrags
Kupferstich von Jean Michel Moreau le Jeune
Ende 18. Jhdt., Ausschnitt

len weit von Konstantinopel entfernt sein mochte, sah ich einen kleinen, schmächtigen Menschen mit großer Schnelligkeit querfeldein daherlaufen, und gleichwohl trug das Männchen an jedem Beine ein bleiernes Gewicht, an die fünfzig Pfund schwer. Verwunderungsvoll über diesen Anblick rief ich ihn an und fragte: ›Wohin, wohin so schnell, mein Freund? Und warum erschwerst du dir deinen Lauf durch eine solche Last?‹ – ›Ich lief‹, versetzte der Läufer, ›seit einer halben Stunde aus Wien, wo ich bisher bei einer vornehmen Herrschaft in Diensten stand und heute meinen Abschied nahm. Ich gedenke nach Konstantinopel, um daselbst wieder anzukommen. Durch die Gewichte an meinen Beinen habe ich meine Schnelligkeit. die jetzt nicht nötig ist, ein wenig mindern wollen; den *moderata durant* pflegte weiland mein Präzeptor [Lehrer] zu sagen.‹ – Dieser Asahel gefiel mir nicht übel; ich fragte ihn, ob er bei mir in Dienste treten wollte, und er war dazu bereit. Wir zogen hierauf weiter durch manche Stadt, durch manches Land.«[19]

Wie der Herr, so's Gescherr!

Beliebt waren die herrschaftlichen Läufer so wenig wie die laufenden Boten. Zumindest nicht in Wien. Daß sie wegen ihrer meist hübschen und wohlgewachsenen Gestalt eine gewisse erotische Faszination auf die Damen ausübten, mochte man noch hinnehmen, daß sie sich aber zu Kupplerdiensten für ihre degenerierte Herrschaft hergaben, konnte man ihnen nicht verzeihen. 1784 berichtete ein Berliner über die *Galanterien Wiens*:

»... Die geplagtesten unter den Domestiken sind die armen Laufer, welche die Kleinepost des Adels vorstellen, und deren Pflicht es ist, all die Briefe und Geschenke an die Maitressen und Zizisbeen richtig zu bestellen. [...] Man braucht diese Leute zu den feinsten ausgesuchtesten und geheimsten Streichen, die alle ihre Geschicklichkeit und Geschwindigkeit gut auszuführen Bürge ist. Und in der That, sie sind so verschwiegen, und die Furcht, Prügel zu bekommen, hält sie so sehr zurück, daß kein Teufel aus ihnen was herauszubringen vermag, es sey dann, daß man das Gegengift gebrauchte, welches das Geld, und der Schutz vor Schlägen ist.«[20]

Wenn einer sich geschickt anstellte, konnte er es zu etwas bringen. So skizziert der indignierte Berliner Karriere und Charakter eines typischen herrschaftlichen Läufers in Wien:

»Die meisten Verführer und Zugrunderichter ihrer Herrschaft sind die sogenannten Hausoffiziere, die sich die Kavaliere theils zur Nothdurft, theils zur Pracht, und theils zum Vergnügen halten. [...] Sie steigen meist von der untersten Stuffe an. Anfangs sind sie Roßknechte, dann Reitknechte, darauf Kutscher, hernach Laufer, und so bis sie ihren Posten als Koch, Kammerdiener, Hofmeister u.d.gl. erreichen. [...] Die Leute glauben Wunder was sie sind, und sehen jeden, der sich nicht auch wie sie, mehr durch Kleider, als durch sich selbst empfiehlt, mit verächtlichem Blicke über die Achsel an. (...) Trotz ihrer Nichtigkeit machen die Kerls doch Wind, daß Du sie kaum von ihrer Herrschaft unterscheidest, wenn Dir nicht ihr pöbelhaftes Betragen gleich auffällt.«[21]

Vor allem aber empörte man sich immer wieder über das rüde Benehmen, mit dem die Läufer ihrer Herrschaft Platz machten. Schon 1794 meinte ironisch ein Zeitgenosse: »Das kann einmal nicht anders seyn z' Wien. Wie könnten d' Kutscher, wenn s' bey der Nacht aus dem Theater fahrn, so durch d' Gassen kaloppiren, wenn d' Laufer nicht vorm Wagen herliefen? Da würden s' ja täglich einige Fußgeher niederführn; aber so müßen ihnen ja d' Leut ausweichen, wenn ihnen d' Laufer 's Windlicht halb unter d' Nasen stoßen.«[22] Nicht selten rempelten die Läufer die Fußgänger absichtlich an, und brannten ihnen dabei mit ihren Windlichten und Fackeln »ein großmächtiges Loch« in den Anzug.

»Der Herr Schwager muß nit denken, daß i deßwegen ein besondern Pick auf d'Laufer hab, weil mir im Fasching dös Malheur g'schehn is, daß i Abends mit ein'm guten Freund am Lobkowitzplatz, am Eck vom Palais steh, und es kummt ein Herrschaftswagen mit zwei Laufern, und einer schlagt g'rad neben mir mit seiner Fackel so stark auf den Stein, daß mir die Funken, die wegg'sprungen seyn, den ganzen Mantel verbrennt habn. I wollt schon den andern Tag zu der Herrschaft gehn, und wollt mir aus der Quaderob vom Herrn ein andern Mantel aussuchen, aber der Schwager weiß, daß i mi über nix mehr gift, als über die Bedienten, wenn i mit einer Herrschaft reden soll, und um mi nit z'giften, hab i 's bleibn lassen.

Die Bedienten! Herr Schwager dös is entsetzli, was sich so ein Lümmel in der Livre für ein Kren gibt, der bei ein'm großen Herrn im Dienst ist, und je humaner und herablassender die Herrschaft ist, desto gröber seyn meist die Dienstleut.«[23]

Schadensersatz war gegenüber den Läufern oder ihrer Herrschaft in der Regel nicht durchzusetzen: »Ich hätt freylich gern Satisfactioni ghabt; aber der Teufel lauf ein Laufer nach!«[24]

Und mit Genugtuung wurde es verzeichnet, als durch die Theaterordnung vom 1. Februar 1800 das dreist hochnäsige Gebaren der Läufer (und ihrer Herrschaft) in seine Schranken verwiesen wurde: »Die Laufer habn auch ihren eignen Artikel. Die sind eher oft langmächtig mit ihrn brennenden Windlichtern vorn Theater gstanden, und da habn wir den Pechgstank einschlucken müssen. Nach der neuen Theaterordnung müssen s' jetzt aber, so wie sie 's Windlicht anzunden habn, an der Stell *vorn* Wagn herlaufen. Aber da soll halt für d' gnädigen Fraun auch noch ein bsondrer Artikel seyn, damit s' beym Einsteign nicht so lang mit ihrn Schapo plaudern, und d' Leut und d' übrigen Wagn aufhalten; denn d' Laufer können ja nicht laufen, bis 's Wagenthürl zu ist.«[25]

Im aufgeklärten bürgerlichen Lager kritisierte man grundsätzlicher, wenn man gegen die feudale Grandezza opponierte, mit der sich die Reichen als Statussymbol Läufer leisteten, man sah die Tatsache des Berufsläufertums als Indiz für die Inhumanität, Menschverachtung und und sinnlose Verschwendungssucht des Adels.

In Frankreich machte die Französische Revolution dem Statussymbol galalivrierter Vorläufer ein Ende. Im nüchtern und ökonomisch denkenden England scheint die Sitte, sich kostspielige »footmen« zu halten, mehr oder weniger von selbst ausgestorben zu sein. Lediglich in den politisch und wirtschaftlich zurückgebliebenen deutschen Landen, vor allem in der Kaiserstadt Wien, hielt man (obwohl schon 1796 das Gerücht umlief, daß »d' gnädign Herrn und Fraun ihr Laufer jetzt ganz eingehen lassen, und [...] 's bloß zu ihren Brieferln als Kurier brauchen« wollen)[26] bis in die 1848er Jahre hartnäckig und konservativ an der ehemaligen Mode fest, mit Hilfe von Vorläufern und Galopins die feudale Pracht und Herrlichkeit hervorzukehren.

»Heute [1846] hält nur noch ein Teil des hohen Adels sich Läufer. [...] Es läßt sich nicht in Abrede stellen, daß die Mode der Läufer in ihrer meistens ebenso glänzenden als auffallenden Bekleidung einen imposanten Anblick darbot, und das Eigenthümliche hatte, stets ein Attribut der ersten Classe der Gesellschaft zu bleiben, denn nie hat es die Nachahmungssucht der untern Stände ver-

Vorläufer

Lithographie aus Fr. Bartholomäus: *Lehrreiches Bilderbuch für fleißige, gute Kinder*. Erfurt o.J. (um 1850)

Der Läufer

Sonst war es stets der Fürsten Streben,
Mit äußer'm Glanz sich zu umgeben;
Sie wähnten ihre Hoheit, ihre Macht,
Beruhe mit auf dieser eitlen Pracht;
Und darum hielten sie oft vielmehr Diener,
Als mancher reiche Bauer Gäns' und Hühner;
Heiducken und Lakaien gab's die Menge,
Und oft war selbst das größte Schloß zu enge
Für diese ungeheure Dienerschar,
Die noch zur Hälfte mehr als überflüssig war;
Und fuhr ein Fürst nur zum Vergnügen aus,
Da lief ein Läufer stets geschmückt voraus;
Das ist nun alles besser eingerichtet,
Und darum fühlen wir uns hochverpflichtet;
Was nützt dem Staate auch ein solcher Mann,
Der weiter nichts als große Sprünge machen kann?
Jetzt fährt der Fürst im schlichten Oberrock,
Bedienten hintenauf, der Kutscher auf dem Bock.

sucht, Läufer halten zu wollen.«[27] – Das Bürgertum, selbst wenn es reich genug war, dachte wohl stets zu ökonomisch, als sich einen derartigen Luxus zu leisten.

»Der Ursprung der Läufer stammt noch aus jenen Zeiten her«, schrieb 1795 ein Kritiker, »wo das Postwesen noch nicht überall, so wie jetzt, eingeführt war; da mußten dann eigene und vertraute Diener die Briefe und Bothschaften oft an sehr entlegene Orte übertragen, was heut zu Tage ein Post-Gaul thun kann, und mit besserm Fuge thun muß. Es wurde Ehre von den Herren darin gesucht, daß ihre Bediente besser als andere laufen konnten, und so ward aus dem mühseligen Läufer-Stande eine Sache, die, um mit einigem Ruhm zu dienen, eine starke Anstrengung der Kräfte erforderte, daß eine Menge Jünglinge sich zu Rehe [?] gelaufen hatten, ehe solche noch für geschickt gehalten werden konnten; und hundert Wetten wurden zwischen Leuten, die des Nachmittags nicht mehr auf ihren Füßen stehen konnten, gemacht, daß dieser Läufer es jenen vorthun werde, wenn man auch gleich gewiß voraus sehen konnte, daß dergleichen Versuche gegen die menschliche Natur liefen, und meistens für den einen, gar oft aber für beyde Theile tödlich ablaufen müßten. In großen Städten, wo die Anzahl der Häuser, welche einen oder mehrere Läufer halten, beträchtlich ist, steigt auch jene von dieser sehr hoch; und folglich ist dieser Stand, noch immer zahlreich genug, um unter den ungesunden Künsten als wichtig, und der Polizey-Aufsicht würdig, betrachtet zu werden. Wie mag aber diese [die Polizei, gemeint ist der Staat], (da manche Aeltern ihre wohlgewachsenen Söhne zu diesem Stande anleiten, weil diese Gattung von Bedienten überhaupt höher in Lohn steht,) so viele wohlgewachsene Jünglinge sich einem so lebensgefährlichen Berufe gewidmet sehen? Wie vermag sie Geduld haben, zu zulassen, daß die Menschheit von einem jeden, dem es einfällt, Menschen perforciren und sclavisch vor seinen Wagen durch Koth und Sümpfe springen zu lassen, wo keine Noth dergleichen Härte entschuldigen kann, so mißhandelt werde? Daß ein regierender Herr seine Läufer nahe um sich habe, um seine Befehle auf jedem Augenblick, wo man nicht immer einen reitenden haben kann oder aus anderen Ursachen nicht schicken mag, aussenden zu können; dazu findet sich ein vernünftiger Grund; aber daß jeder Junker, dem das Schicksal einige tausend Thaler jährlich zu verzehren zugewiesen hat, seinen Sta[a]t darin suche, daß sich jährlich ein Mensch in seinen Diensten lungensüchtig laufe, oder, die Ehre des Hauses zu retten, sich den Hals einstürze: das ist doch offenbar den Charakter des Menschen zu weit herabwürdigen. Der Sta[a]t muß demnach bestimmen: wem es erlaubt seyn möge, Läufer zu halten; die Wetten zwischen den Dienst-Herren sowohl, als zwischen den Läufern selbst, in Ansehung der größern Geschicklichkeit und Behendigkeit im Laufen des einen vor dem andern, müssen, weil dabey immer der Natur zu viel geschieht, nie ungestraft bleiben, und es muß nicht leicht einen reichen Bürger gestattet werden, daß er Pferde und Menschen in Eine Classe setze, und diese dazu brauche, um in vollem Schweiße der Welt einen empfindungslosen Weichling anzusagen.«[28]

Lebensläufe II

Die herzoglichen Laufer Jacobsen und Halsband

In seinem 1866 erschienen, plattdeutsch geschriebenen humoristischen Roman *Dörchläuchting*, der die Verhältnisse in einer kleinen mecklenburgischen Residenz im 18. Jahrhundert schildert, hat Fritz Reuter einem herrschaftlichen Laufer namens Halsband ein kleines Denkmal gesetzt. Den Stoff dazu fand er in einem Bericht, der 1832 in den *Nützlichen Beiträgen zu den Neuen Strelitzschen Anzeigen* erschienen war. Unter dem Titel *Schnelläufer* wurde an die beiden herzoglichen Laufer Jacobsen und Halsband erinnert. Reuter zog in seinem Roman beider Lebensgeschichte zu einer zusammen.[29] Hier der Bericht der *Nützlichen Beiträge*:

»Schnelläufer. – [...] Da wir nun in unserm Vaterlande unter den vormals am hiesigen Hofe angestellten Läufern zwei in diesem Fache sehr ausgezeichnete Männer gehabt haben, die selbst bei manchen Jetztlebenden noch unvergessen sind; so mag ihr Andenken wohl auch in diesen Blättern erneuert und aufbewahrt werden. Der eine Namens Jacobsen war Anfangs als Läufer bei dem Herzog Carl Ludwig Friedrich, zuletzt zu Mirow residirend, in Diensten, und ging nach dessen 1752 erfolgtem Ableben in die Dienste des Herzogs Adolph Friedrich IV. zu Neustrelitz über. Er wurde, nach damaliger Zeit Sitte bei den Höfen, besonders auch zu Verschickungen gebraucht. Vorzüglich mußte er den Briefwechsel des Herzogs Carl zu Mirow mit dem Kgl. Preuss. Geh. Rat und Leibarzt Cothenius, der zugleich Leibarzt des Herzogs war, besorgen. Jacobsen selbst hat mir [schreibt der Verfasser dieses Berichts, der Gerichtsrat Andreas G. Masch] öfters erzählt, daß es ihm eine Kleinigkeit gewesen sei, in einem Tage von Mirow nach Berlin (14 Meilen zu 24000 Rhl. Fuß) [= ca. 110 km] hin und zurück zu laufen, ohne daß er nötig gehabt habe, sich dabei eben sehr anzustrengen. Ebenso habe er von Mirow nach Neustrelitz (3 Meilen) [ca. 24 km] hin und her zu laufen höchsten 2 ¼ Stunde gebraucht. Von mehreren Ausführungen dieses Mannes, welche im Anfang meines Hierseins noch von Mund zu Mund gingen, will ich nur eine hier nacherzählen.

Es sollte hier eine Hochzeit gefeiert werden, wozu Jacobsen auch geladen war. Der Herzog mochte gute Gründe haben, zu wünschen, daß er nicht hingehe, schickte ihn also absichtlich am Hochzeitsmorgen schon etwas spät mit Briefen an Cothenius nach Berlin, mit dem strengsten Befehl, am andern Morgen beim Aufstehen mit der Antwort wieder zurück zu sein. Jacobsen nahm die Briefe in Empfang, und gelobte die genaueste Ausrichtung des erhaltenen Befehls. Bei der Abendtafel äusserte der Herzog, daß es ihn freue, Jacobsen von der ihm widrigen Hochzeit abgehalten zu haben. Ew. Durchlaucht halten zu Gnaden erlaubte sich des Herzogs aufwartender Leibdiener zu bemerken, Jacobsen ist auf der Hochzeit und tanzt von besten Künsten. – Unmöglich! rief der Herzog und ließ den Läufer gleich herbeirufen. Er erschien und übergab die Antwort aus Berlin mit der Entschuldigung, daß ihm die Überreichung derselben erst am folgenden Morgen früh sei anbefohlen worden. Die Namen des dermaligen Brautpaar habe ich auch gewußt, nachhin aber vergessen.

Der Herzog war ein großer Liebhaber von Fischerei und Jagd. Bei letzterer mußte Jacobsen ihn stets begleiten. Davon erzählte er, daß es ihm manches Mal geglückt sei, ein Reh im Laufe einzuholen. Dies ist jedoch eben keine sehr große Kunst. Denn wenn ein Reh aus dem Sprunge gebracht ist, was Jacobsen wohl zu bewirken gewußt haben wird, kann es ein gutbeiniger Hühnerhund auch greifen.

Es gab eine Zeit, wo Jacobsen des Fürsten Gnade und Vertrauen vorzüglich besaß und von demselben im Dienste ausgezeichnet wurde. [...] Wo Jacobsen geboren, war nicht zu erfahren; gestorben aber ist er bei seinem Schwiegersohn, dem verstorbenen Amt-

Joachim Heinrich Ehrke.
Läufer bei den Herzögen von Mecklenburg-Schwerin.
Ölgemälde von Gaston Lenthe (1833)

Ehrkes Livrée bestand aus einem kurzen, karmoisin-roten, goldbordierten Rock über nachtblauer Weste, Kniehosen aus schwarzem Samt, weiße Seidenstrümpfe und Lackschuhe. Auf dem Kopf trug er eine samtne Spitzkappe, vorn mit dem Monogramm des Großherzogs, seitlich mit roten Stoffrosen und oben mit einen wallenden Busch Straußenfedern geschmückt. In der Hand hält er als Zeichen seines Amtes einen zierlichen Botenstock mit vergoldetem Knopf. Dank des kurzen Lebensabrisses, den der Maler auf der Rückseite des Bildes notierte sind wir genauer über die Lebensumstände des Laufers informiert. Danach wurde Ehrke für Rechnung des Barons von Trenck auf Meyken als Läufer ausgebildet. Anschließend stand er ab 1792 dreiundvierzig Jahre in großherzoglichen Diensten, meist in Schwerin oder auf Schloß Ludwigslust stationiert. In seiner Amtszeit bildete er elf Lehrlinge, darunter drei seiner Söhne, zu Läufern aus.

Vgl. Otto Kaysel: *Von großherzoglichen Läufern.*
In: Mecklenburgische Monatshefte, Schwerin 4 (1930)

mann Evert zu Kotzow, am 11. September 1808 im 84. Jahre. Als er nicht mehr laufen konnte, ward er Kammerlakai, und hatte zugleich eine Gast-Wirtschaft zu Neustrelitz.

Der andere bei uns und selbst in weiter Ferne berühmt gewordene Läufer hieß Halsband. Er war in Neubrandenburg geboren, wo seine Mutter als Witwe Leichenfrau war. Noch jetzt lebt in Neustrelitz ein Vaterbruder von ihm, sehr alt, als Sergant außer Diensten. Ursprünglich stammen sie aus Treptow an der Tollense her. Der Läufer soll in seinen jüngeren Jahren am Churfürstlichen Hofe in Dresden als solcher gestanden haben. Er galt für einen der ausgezeichnetsten Läufer der Höfe Deutschlands. Es war damals Sitte, daß wenn Könige und Fürsten sich besuchten, von ihren Läufern Wettläufe gehalten wurden, wie jetzt Pferderennen üblich sind. In solchen Wettläufen soll Halsband fast immer den Preis gewonnen und in Wien einen der ersten Läufer zu Tode gelaufen haben. Der Herzog Adolph Friedrich IV. bekam den Halsband vom Grafen Pless auf Ivenack, wo er sich dem Herzoge durch seine Geschicklichkeit ungemein empfohlen hatte. Mit Jacobsen stand er eine Zeit zugleich in Diensten, der von seiner Leichtfüßigkeit sagte, Halsband sei ihm in kleinern Entfernungen überlegen gewesen, er hätte ihn dagegen in größern immer überholt. So sehr nun Jedermann diesem Menschen in seinem Fache alle Gerechtigkeit widerfahren ließ, so einstimmig sind alle darin, daß er rohen Gemütes, unruhigen Geistes, ein Freund von Zank, Streit und Unordnung, auch dem Trunke ergeben war. Einst hatte er in den Zimmern der Prinzessin Christiana großen Unfug angerichtet, wurde sofort entdienstet, doch wieder begnadigt. Endlich hatte er einen Förster Woldeck zu Strelitz beim Herzog angeschwärzt; der erfährt es, ladet sein Gewehr und sucht Halsband, hoch und teuer versichernd ihn zu erschießen, wo er ihn finde. Der Herzog, um Unglück zu verhüten, läßt Halsband sagen, sich sofort zu entfernen. Nun ging er nach Darmstadt, kam dort bei einem Prinzen in Diensten, blieb jedoch nicht lange, ging mit einem Pferde des Prinzen durch nach Berlin und dort, kein anderes Unterkommen findend, unter die Jäger. Nach mehrern Jahren erschien er alt und blutarm in den achtziger Jahren noch einmal wieder in Neubrandenburg, und suchte dort von der Gnade des Herzogs eine Beihülfe, die er erhielt, sich entfernte und nichts wieder von sich hören ließ.«[2]

3. Kapitel

DIE WIENER LAUFER

Freilauf – Regeln und Bräuche des zünftigen Laufs

Die Kritiker, die das menschenverachtende Läuferwesen anprangerten, hatten zuerst und vor allem die Zustände in Wien vor Augen. Dort in der Kaiserstadt, wo die meisten österreichischen Adligen ihr Stadtpalais hatten und viele ausländische Gesandte akkreditiert waren, gab es – während der Beruf des herrschaftlichen Laufers in anderen deutschen Residenzen eher ein einsamer Posten war – besonders viele Läufer. Das führte im Lauf des 18. Jahrhunderts zur Entstehung einer zunft-ähnlichen Berufsvereinigung, die regelrechte Lauf-Gesellenprüfungen unter Beachtung bestimmter Regeln und Rituale abhielt, was, unterstützt durch den Spleen und die Wettsucht der Adligen, zur Herausbildung einer spezifisch Wienerischen Laufkultur führte.

Im Einzelnen hat sich über Geheimnisse der »Lehr-Akademien« der Wiener Laufer wenig erhalten, sodaß man auf Berichte ›von außen‹ angewiesen ist. Über die Bedingungen der Lauf-Prüfung erfährt man etwas aus einem Polizeirapport vom 17. April 1827. Danach sind »um 10 Uhr mehrere herrschaftliche Laufer über die Mariahilferstraße unter Begleitung vielen Volkes und unter unausgesetzten Knallen mit Reitpeitschen hereinzogen.« Als man den Arrangeur dieses nicht angemeldeten Wettlaufens Martin Müller, Laufer beim regierenden Fürsten Schwarzenberg, zur Verantwortung zog, gab er folgendes an: Er habe den dermaligen Laufer des Generals Fürst Windischgrätz in der Laufkunst unterrichtet und mit ihm einige Tage vor Ostern einen Probelauf gemacht, was damals, da keine Musik, Fahnen etc. verwendet worden seien, fast niemand bemerkt habe. Nach der in Wien von jeher bestehenden Gewohnheit müsse ein jeder Laufer, bevor er frei und wirklicher Laufer würde, einen sogenannten Freilauf von Mariabrunn und zurück (nach heutigem Maß 18 km) in einer Stunde und zwölf Minuten machen, sonst werde er nicht als Laufer anerkannt. Der eigentliche Freilauf müsse öffentlich und unter Beachtung gewisser Förmlichkeiten vor sich gehen, damit alles seine Ordnung habe. Am 17. April habe der Scolar nun seinen Freilauf machen müssen. Früh um 6 Uhr sei er gestartet. Dabei haben sich Müller

»Dem Hoch u. Wohlgebornen Herrn Johann von Colloredo
k.k. Kämerrer und Hofrath von Münz und Bergwesen.

Ich Lebolt Zeits Urkunde und bekenne hiermit öffentlich vor jederman insonderheit aber, wo es vonnöth, das sich der Bartolomeß Schordan, aus Wellisch Land von Salujzo Gebürtig hat sich in Wienn bewilligt die freue Lauferkunst zu lehren, um sich correnter derzeit, sich ehrlich vertragen. Wodurch derselben vermög öffentlichen Prüfungen, das Lob eines Laufers sich erworben, und in den Stand, Tauglichen Lauferdiensten verrichten zu können, gesetzt hat. Gleichwie, der gemeldter Bartolomeß Schordan, in Ansehung seiner Vollendeten Lehre und bezeugtem, Wohlverhaltens nach Erschürfung aller Billigkeit, ein beglaubtes Zeugniß vertined hat. Als habe ich Lebolt Zeitz als Lehr Printz, den gewehnlichen Brauche nach, mit Einstimmigkeit meinem unterschriebenen Herren Collegen, ihme dem Bartolomeß Schordan, Gegenwärtigen Lehrbrief, zum seinem Fortkommen, ertheilen zu können.
Und demselben jedermann mögen Respection, Standes und Würde sie seyn mögen, aufs das beste antekomendirren wollen; zu mehrerer Beglaubigung dessen habe sowohl, ich als auch die erbetenen Herren Zeugenn, dieser Lehr Brief mit der Nahmensunterschrifft und beygetruckten Petschaft, Ausgefertigt.
So geschehen in Wienn den 12. November Anno 1807.«

Leopold Zeitz
als Lehrprintz
Laufer bei Graf
Johann von Colloredo

Josef Wegleithner
bei ihro Durchlaucht Fürstin
Esterhazyy
als Zeuge

Christian Klein
Laufer bei Sr. kön. Hoheit
Herzog Albrecht
von Sachsen und Teschen.

Josef [... unleserlich]
bei Ihro Durchlaucht der Fürstin
Esterhazy
als Zeuge

Johann Ernst Reichmann
Laufer bei Sr. Excellenz
dem Herrn
Grafen Otto
Französischer Botschafter
als Zeug.

Jean Gaggiam
Coureur chez son Altesse Royal
le duc Albert
des Saxe et Teschen etc.

Franz Lechner
Laufer beim
Fürst von Trautmannsdorff
als Zeich

Johann Casche
Laufer bei
Fürst Lichtenstein
als Segundant

Jacob Müller
Laufer bei
Graf Frantz Esterhasy
als Segundant.

Ein Laufer-Lehrbrief
Wasserfarben auf Papier, 48 x 69 cm (1807)

als dessen Lehrer und zwei Sekundanten in dem gewöhnlichen Mailauf-Costüme (d.h. der Gala-Laufkleidung) und noch ungefähr acht andere Laufer in ihren gewöhnlichen Livreen befunden. Sie hatten eine der den gesamten Laufern gehörige Fahne gleich außerhalb der Mariahilfer-Linie und eine zweite in Mariabrunn als Start und Zielpunkte aufgestellt. Zehn Mann von der Kapelle des Guylaischen Infanterie-Regiments waren an der Mariahilfer-Linie aufgestellt, die beim Start und bei der Rückkehr einige Stücke spielten und am Ende die Laufer bis ins Schleifer'sche Kaffeehaus auf der Mariahilferstraße begleiteten, wo das Frühstück eingenommen wurde.[1] Hier wurde dann der »Gesellenbrief« vom Lehr-Prinz (so wurde in Wien der jeweilige Ausbilder genannt) den beiden Sekundanten und den Zeugen unterschrieben, gesiegelt und dem »Freigelaufenen« feierlich überreicht.[2]

Neben diesen Freiläufen der Lehrlinge wurden alljährlich zu bestimmten Zeiten, meist im April oder Mai, Wettläufe unter den bestallten Wiener Laufern angestellt. Diese Leistungsvergleiche haben sich vermutlich aus den Wettläufen entwickelt, bei denen die Herrschaften anläßlich mehr oder weniger zufälliger Wetten ihre Lakaien gegeneinander antreten ließen, und die in Wien zuerst aus der Regierungszeit Karls VI. (1711 – 1740) belegt sind.[3] Wann zum ersten Mal»zünftige« Läufe veranstaltet wurden, ist nicht bekannt; gegen Ende des 18. Jahrhunderts waren sie jedenfalls schon eine ständige Einrichtung, die jedes Jahr mehr Zuschauer anzog.

Anfänglich fanden diese Laufkonkurrenzen in der Mariahilfer Vorstadt statt, und zwar auf der die gleichen Strecke, die auch bei den Freiläufen bewältigt werden mußte: von der Linie, der Stadtgrenze bis nach Mariabrunn und zurück. Die Tradition – d.h. die Beibehaltung immer der gleichen Strecke – ermöglichte nicht nur den zuerst anlangenden als Sieger zu feiern, sondern läuferische Leistung durch Vergleich mit den Zeiten des Vorjahres etwas abstrakter zu beurteilen.

Wie diese Wettrennen abliefen, erfährt man aus einem Rapport des Polizeidirektors Ley vom 21. April 1795, in dem er berichtet, welche Unruhen er anläßlich des Wettlaufs der herrschaftlichen Laufer beobachtet hatte, – und was ihm die Spitzel über die Volksmeinung zugetragen hatten:

»Gestern in der Frühe gegen 6 Uhr zog eine Anzahl von 26 hiesigen Herrschaftsläufern unter Voranreitung der aus 24 Gemeinen, einem Wachtmeister, einem Korporal bestandenen Kavalleriemannschaft, dann in Begleitung einer türkischen Musik vom Artillerie-Corps über die Hauptstraße nach der Mariahilfer Vorstadt bis zur Linie hinaus, wo auch einige Mann von der Infanterie aufgestellet waren. Dieses gesammte Militär blieb allda stehen. Der geräuschvolle Zug verursachte einen Zulauf von fast 3000 Menschen, die an der Linie abwarteten, welche von denen 26 Läufern, die bis Mariabrunn und von da zurück bis zur Linie bis zu den allda ausgesteckten 6 Fähnchen ihren Lauf ausgemessen hatten, die 6 Preise erringen würden. In weniger als drey viertel Stunden kamen die Ersten der Preisbewerber zum Ziel zurück, wovon aber einer, und zwar der Laufer der verwittibten Frau Gräfin von Palffy, wie todt zur Erde fiel, dem auch sogleich nicht nur der medicinische, sondern auch der geistliche Beystand geleistet werden mußte. Einen anderen traf fast das nähmliche Schicksal, der aber sogleich durch seine dazugekommene Gattin gelabet und in einem Wagen fortgeführet wurde. Dem Vernehmen nach sind auch Einige äußerst elend auf der Straße zwischen Mariabrunn und der Linie liegen geblieben.

Wegen Anhäufung des Volkes an der Linie und des Zudringens zu den allda ausgesteckten Fähnchen brauchte das Militär, vorzüglich die Kavallerie, die mehr als billige Gewalt, welche ein allgemeines Gemurr verursachte.

Mehrere Herrschaften und andere Personen eilten zum Theil als Reitende dem Zuge der Laufer auf der Straße im Hin- und Herwege nach, welches so schnelle, alle Vorsicht und Ordnung ausschließende Fahren und Reiten diese sehr gangbare Straße auf einer beträchtlichen Strecke im höchsten Grade unsicher gemacht hat. Es war den ganzen Tag über nach einigen vorgekommenen Anzeigen in mehreren Gast- und Schankhäusern mit tadelhaften Anmerkungen über diesen Vorgang von Bürgern und anderen Personen geklagt und die Duldung solcher Unfuge größtentheils der Polizei zu Last geleget worden. Im Wirtshaus zur goldenen Kugel am Neubau, in mehreren anderen derley öffentlichen Oertern zu Gumpendorf und auf dem Schottenfelde ist ungescheuet darüber gesprochen und die Anmerkung gemacht worden, wie man doch eine mit so vieler Gefährlichkeit für den Menschen verbundene Sache von Seite der Polizey zulassen und überdieß durch

Beigebung so vielen Militärs derselben eine Art von Feyerlichkeit geben könne. Einige waren boshaft genug, auf die geringe Achtung für Menschenleben heraus den Schluß zu ziehen und es als Ungereimtheit aufzustellen, daß, da der jetzige Krieg ohnehin so viele Menschen koste, die Schonung derselben durch diese Handlung so wenig gezeiget werde.

Wenn man den ganzen Fall unbefangen betrachtet, so läßt sich nicht verkennen, daß dieses Wettlaufen, welches eine bloße Unterhaltung einiger Herrschaften und den eitlen Ehrgeiz ihrer Laufer zum Ziel hat, weder das Gepränge des zu einer ernsthaften Bestimmung gewidmeten vielen Militärs und das damit verbundene große Aufsehen, welches überdies mit den jetzigen Zeitumständen so sehr kontrastieret, verdient, noch weniger mit der Unbequemlichkeit und sogar mit der Lebensgefahr nicht nur der Wettlaufenden, sondern des auf der Straße begriffenen Publikums in irgend eine Gleichgewichte stehe. Die widrige Stimmung, die dieserwegen bemerkt wurde, und das Ungereimte, das in der Sache selbst liegt, dürfte daher eine Rücksicht wahrhaft notwendig machen, weßwegen [meines] unmaßgeblichen Dafürhaltens wäre, daß dieses Wettlaufen für die Zukunft entweder ganz abzustellen oder, wenn dennoch in dieser Zunft von Zeit zu Zeit Prüfungen dieser Art vorgehen müßten, solche mit einer Modalität einzuleiten sein, wobei Ungereimtheiten, öffentliche Einzüge, militärische Begleitung, lärmende Musiken und jede auch entfernte Lebensgefährlichkeit für Menschen beseitigt werden.«

Der Bericht des Polizeipräsidenten endet mit der Empfehlung »die Aelteren aus den herrschaftlichen Laufern vorzufordern und ihnen dergleichen Unternehmen nebst den damit verbundenen auffallenden Geprängen bey schwerer Ahndung zu verbieten auch, im Falle dieselben in der Folge die Erlaubniß ansuchten, sie platterdings abzuweisen, wenn sie aber dem ohngeachtet sich unterfiengen, dem Verbote entgegen zu handeln, sie an Stelle daran zu hindern und die Uibertreter anzuzeigen.«[4]

Dieser Vorschlag drang nicht durch; die »reichen Herrschaften« waren einflußreich genug, um sich weder ihre Privilegien, noch die ihrer Statussymbole beschneiden zu lassen. Immerhin wurde offenbar durchgesetzt, daß die Laufverstaltungen bei der Polizeibehörde vorher angezeigt werden mußten, damit Maßnahmen gegen Ausschreitungen des Pöbels getroffen werden konnten. Daß dagegen immer wieder verstoßen wurde, zeigen die Polizeiberichte, so der eingangs zitierte aus dem Jahr 1827.

Zu den Unzufriedenen, die, wie die Polizeispitzel berichteten, in den Kaffeehäusern gegen die Wettrennen räsonnierten, gehörte auch Joseph Richter, der mit seinen *Eipeldauerbriefen* (mundartlich-humoristisches Periodikum) die Tagesereignisse kommentierte. Von den Wettläufen des Jahres 1794 schreibt er:

»Die Täg sind wieder ein Menge Laufer auf Mari Brun in d'Wett Kirchfahrten gloffen; aber gebeth ist dabey nichts worden; sondern wie s'bey der Kirchn ankommen sind, so sind s' gleich wieder umgekehrt und zu der Lini zruck gloffen; und wie s' dort ankommen sind, so ist einigen d' Zung heraus ghenkt, wie den Jagdhunden, und d'Augen sind ihnen zum Kopf herausgstanden, wie ein Besessnen; das hat völlig fürchterlich ausgsehn. Hernach sind 's mit der Musik in ein Bierhäusl gzogen, und habn sich ein Lunglsucht gholt; aber es thut ja nichts; denn wie 's Wiener Sprichwort sagt: so wird aus ein jungen Laufer, ohnehin nur ein alter Bettler.

Ey den Laufern schadt so bald nichts. Sie sind wie d' Jagdhund: die können auch in d' Hitz saufen, ohne daß 's ihnen schadt.

Meiner Frau Gmahlinn juckts auch schon nach ein jungen Laufer; und so bald s' ein Baronessinn wird, so halt sie sich gleich einen; der muß dann zugleich d' Hasen hetzen, damit s' ein Solohund erspart.«[5]

Mit dem letzten Satz nimmt Richter nicht nur die Nachahmungssucht der Wiener, sondern auch die erotische Anziehungskraft der gutgewachsenen Läufer auf die feinen Damen auf die Schippe.

Das Läuferfest am 1. Mai im Prater

Gelegentlich scheinen die Wettläufe auch im Prater abgehalten worden zu sein. Wenn man den *Eipeldauerbriefen*, glauben darf, die aus dem Jahr 1794 darüber berichten, wurden die Wettrennen der herrschaftlichen Laufer von jungen Modegecken nachgeahmt:

»O je! Herr Vetter! die Täg hat 's z' Wien wieder was z' schaun gebn. Ein Bandl von jungen Schwalie ist im Prater mit einander Wett gloffen. Einmahl sind s' immer Wett gritten; aber d' Pferd müßen ihnen krepirt seyn, weil s' jetzt selbst d' Pferd machn. Und im Laufn habn s' einander auf d'Achsel gschlagn, wie bei uns d' Bauernbubn, wenn s' der Letzln spieln; und Fahnl habn s' dabey ghabt, und wenn einer so ein Fahnl erschnappt hat, so hat er ein Freud ghabt, wie d' klein Kinder, den man z' Hernals ein Osterfahnl kauft.

Ein paar Tag drauf sind einige Laufer mit einander Wett gloffen und die warn noch bessere *Windhund* als d' Schwalie. Die sind in ein Athem nach Laxemburg und wieder zruck gloffen: und da habn d' gnädigen Herrn drauf gwettet, wer von den *menschlichen* Laufern am besten ein Pferd macht; denn es ist immer noch d' Modi z' Wien, daß d' Menschen mit den Pferden Wett laufen müßen.«[6]

1822 wurden die Frei- und Wettläufe der herrschaftlichen Laufer ganz in den Prater verlegt und mit dem alljährlich stattfindenden Frühjahrsfest verbunden. Der immer größer werdende Publikumsandrang bei den Veranstaltungen hatte die Wettrennen zur Instution werden lassen, jetzt gelang es den Laufern – mit Hilfe ihrer einflußreichen Dienstherren – sie zu einem regelrechten Spektakel auszubauen, das alljährlich mit Spannung erwartet und zum festen Programmpunkt des obligatorischen Maiausflugs des traditionsbewußten Wieners wurde. »Das sogenannte *Lauferfest* im Prater [ist] neben dem hiesigen *Brigittenaufeste* eines der interessantesten Volksfeste, die existiren,« schrieb Anfang der 1830er Jahre ein anonym gebliebener Besucher aus Norddeutschland.[7]

Am 1. Mai, früh um 5 Uhr morgens fanden sich die Läufer und die ersten Schaulustigen am Beginn der Hauptallee des Praters, nahe bei der Hofschlosserei, ein. Hier markierte ein fahnengeschmücktes Zelt, in dem eine Militärkapelle aufspielte, Start und Ziel. Hier war auch von geschäftstüchtigen Zimmerleuten eine große Tribüne aufgeschlagen worden, von der aus man gegen Eintrittsgeld bequem Ablauf und Ankunft der Laufer beobachten konnte: Die Rennstrecke im Prater (mit ca. 9 bis 10 km nur noch halb so lang wie der Freilauf nach Mariabrunn) führte zunächst über die Hauptallee zum zweiten Rondeau, von dort über einen Seitenweg am Heustadelwasser entlang zum Lusthaus (hier bekamen die Läufer ein Zeichen mit auf den Weg, das beweisen sollte, daß sie tatsächlich die Wendemarke umrundet hatten) und dann zurück zum Start am Pratereingang.

Mit näherrückendem Starttermin drängten immer größere Zuschauermengen heran: »Schon am frühen Morgen strömt alles, was fort kann, zu Fuß, zu Pferd und zu Wagen hinaus zu der herrlichen Jägerzeile dem neugeschmückten, wiederverjüngten Prater zu.

Siegerehrung der Herrschaftlichen Laufer
Lithographie von Krichuber (um 1830)

»Die ganze große Allee bis hinauf zum Lusthaus ist mit einzelnen Polizei-Soldaten, die die Ordnung erhalten, besetzt, und das Publikum reiht sich so dicht als möglich zu beiden Seiten, fast eine Stunde lang, den Laufweg hinan, während eine Masse von solchen, die in der Reihe keinen Platz mehr finden, am Eingange sich sammelt. Das Gewühl wird gegen 7 Uhr, wo der Lauf beginnt, ungeheuer, und ich glaube, daß gestern mehr als dreißigtausend Menschen sich eingefunden hatten.«

Europäische Geheimnisse eines Mediatisirten, 1836

Die ganze große Allee bis zum Lusthaus ist mit einzelnen Polizei-Soldaten, die die Ordnung erhalten, besetzt, und das Publikum reiht sich so dicht als möglich zu den beiden Seiten, fast eine Stunde lang, den Laufweg hinan, während eine Masse von solchen, die in der Reihe keinen Platz mehr finden, am Eingange sich sammelt. Das Gewühl wird gegen 7 Uhr, wo der Lauf beginnt, ungeheuer, und ich glaube, daß gestern mehr als dreißigtausend Menschen sich eingefunden hatten. – Die liebliche Sonne am heiteren, ruhigen Himmel warf ihre Morgenstrahlen sanft wärmend durch die vom Thau beperlten jungen Blätter, und erleuchtete ein Gemische von Personen aller Stände und Klassen, die bunt durcheinander gedrängt des Schauspiels harrten, und nicht in einem einzigen Gesichte las ich Zeichen des Mißmuthes oder Kummers. Entweder hatte ein Jeder seinen Kummer, des lieblichen Maytages wegen vergessen, oder auch, es waren diejenigen, die nicht im Stande waren, freundlich zu seyn, heute zu Hause geblieben.«[8]

Gewöhnlich gingen etwa 10 bis 12 Laufer an den Start. Gekleidet waren sie nicht in ihre üblichen Livreen, sondern in ein besonderes »Mailauf-Costüm«, einen weißen Anzug, der aus einer knappen, mit doppelter Knopfreihe besetzen Jacke und weiten Pluderhosen bestand. An den Füßen trugen sie leichte Laufschuhe aus grünem, weichen Leder. Nur die Kopfbedeckung zeigte die Farben ihrer jeweiligen Herrschaft: rote, grüne, blaue, gelbe oder violette Kappen, »reich mit wallenden Federn geziert, [...] den schlanken Leib mit einer langer bunten Schärpe behängt, welche das weiße Gewand malerisch schmückte.«[9] Um den Hals hatten sie ein farbiges Halstuch gebunden. In der Hand trugen sie eine Lauferpeitsche anstelle des sonst gebrauchten Botenstocks. Diese kurze Hundepeitsche »[...] war nicht blos für zudringliche Hunde, sondern auch um sich selbst knallend aufzumuntern und für eventuelle Schusterjungen, die ihnen die Ehre streitig machen wollten«.[10]

Ein erster Böllerschuß kündigte den Start an. Der Kampfrichter, seinerseits in allerfestlichste Gala-Livree gekleidet, ordnete die aufgeregten Läufer in einer Reihe, wobei er sie – wie für Dienstboten zu damaliger Zeit üblich – nicht mit ihrem bürgerlichen Namen sondern dem ihrer Herrschaft ansprach: »Betthany, richte dich!« – »Karoly! 's ist Zeit« – »Esterhazy, Kinsky, Colloredo, Erdödy!« Die Läufer hatten inzwischen ihre hinderliche Paradekostümierung, die federwallenden Kappen und die bunten Schärpen, abgelegt und stattdessen ihre Hüften mit Bändern eingeschnürt. Ein zweiter Böllerschuß, Punkt 7 Uhr (ursprünglich 6 Uhr), und das Feld ging ab unter dem Hallo und Geschrei der inzwischen zahlreich versammelten Zuschauer und begleitet von mehreren Reitern und Equipagen, darunter auch der Wagen des begleitenden Arztes, der etwa Zusammenbrechenden erste Hilfe leisten sollte.

»Das Ding is a gangen wie an ein Schnürl – im Anfang haben's nur ein Trapperl g'macht, nachher seyn's aber fortg'flogen, daß man's in einer G'schwindigkeit nit mehr g'sehn hat.«[11]

Der Polizeikommissar Pfanner, eine damals allgemein bekannte Persönlichkeit, in hohen Stiefeln und mit einem spanischen Rohr bewaffnet, hatte alle Hände voll zu tun, die Disziplin aufrecht zu halten und Überenthusiasmierte am Mitlaufen zu hindern, denn gewöhnlich wurden die Läufer »von einzelnen Handwerksjungen [verfolgt], die sich bei dieser Gelegenheit gleichfalls im Laufen versuchten, aber bald erschöpft zurückblieben. [...] Sehr viel Zuschauer kamen blos, um dem *Ablaufen* beizuwohnen, und entfernten sich, nachdem sie den Läufern einen Augenblick nachgesehen, in die Seitenparthieen, oder in den sogenannten Wurstel-(Hanswurst-) Prater, ohne die Rückkehr der Läufer und die Preisvertheilung abzuwarten. Prächtig gekleidete Damen und Herren durchschnitten die Alleen und Waldparthien und die Kafféhäuser der großen Allee, sowie sämtliche kleine Wirthsbuden im Wurstelprater, welche deren eine große Menge zählt, füllten sich frühzeitig mit besuchenden Gästen.«[12]

Auch einige der Läufer machten sich das Geschäft leicht: »Wie ein Stuck a Viere von den Laufern g'sehn haben, daß's ihnere vordern Cameraden nit mehr einholen künnen, haben's ein G'scheidten g'macht, und seyn derweil komot spaziern gangen, beim Z'rucklaufen aber haben sie sich wieder ang'schlossen, damit's Bandel wieder voll worden is.«[13]

Während das Feld durch den Prater hetzte, unterhielt die Musikkapelle das ausharrende Publikum, bis nach rund drei Viertelstunden die ersten Läufer im Zieleinlauf erschienen, und durch aufmunternde Zurufe zum Endspurt angefeuert wurden: »Bravo Palffy! Bravo Esterhazy!«

»Trompetenschall empfängt die ersten drei Gewinner, welche augenblicklich in Mäntel gehüllt und langsam auf und abgeführt werden, um die tödlich erhitzten Lungen zu bewahren«.[14]

»Herr Jemine, wie haben die Z'ruckkommenen ausgeschaut! bis auf die Brust und bis über d'Schulter seyns mit Koth ang'spritzt g'wesen, und keucht habens, daß i alle Augenblick glaubt hab, es wird einem die Lunge auseinander springen.«[15]

»Recht saubere junge Männer haben die Preise davongetragen; aber Herr Jemine, wie haben die Leut' aus'geschaut – völli kupferroth seyn's im G'sicht g'wesen, weil das Geblüt gar so in Wallung kummen is, man hat g'rad glaubt, es spritzt ihnen bei'n Augen außer, und da haben die Frauenzimmer, und meine Frau Gemahlinn a, den blutreichen Laufern recht freundlich zug'lachelt.«[16]

Langsamer folgten die Verlierer, und zuletzt der ominöse »Jantschky-Wagen« (so nach einem stadtbekannte Miet-Kutscher benannt), der die Liegengebliebenen eingesammelt hatte.

Nach einer Erholungspause folgte die Siegerehrung. Die Preise für die schnellsten Läufer – bestickte Ehrenfahnen, die von den Siegern im nachfolgenden Umzug getragen wurden – hatten beziehungsreiche Namen: 1. Preis: *Der Adler*, 2. Preis: *Der Hirsch*, 3. Preis: *Das Pferd*. Vermutlich waren es Wandertrophäen, die im nächsten Jahre weitergegeben werden mußten, während man die calligraphierten und ausgemalten Urkunden behalten durfte.

Daß diese Modalitäten der Siegerehrung alte Tradition waren und nicht erst erfunden wurden, als die Maiwettläufe im Prater stattfanden, belegt die in Wien häufige Hausbezeichnung »Zu den drei Laufern«. Schon 1776 finden sich in den Häuserverzeichnissen insgesamt 6 verschiedene »Dreilauferhäuser«, zu denen später weitere hinzukamen.[17]

Unter den Klängen der »türkischen Musik«, eskortiert von den Kavallerieposten der Wache, zogen dann alle Beteiligten, Herrschaft wie herrschaftliche Laufer, allen voran – direkt hinter der Bruderschaftsfahne mit der Inschrift *Fortschritt* – die drei Helden des Tages, in einem Triumphzug zum I. Kaffeehaus, wo für sie ein »splendides Frühstück« arrangiert worden war und wo auch die Wetten ausbezahlt wurden.

Das Publikum aber verfügte sich in den »nahe beym Prater befindlichen *Augarten* [wo unterdessen] gewöhnlich ein brillantes Morgenconcert im dortigen prächtigen Gartensaale veranstaltet [wird], das fast immer zahlreichen Besuches sich erfreut; dies Con-

Wettlauf der Herrschaftlichen Boten im Prater
Kolorierter Stich (1827)
Historisches Museum Wien

Wiedergabe einer Wandeldekoration zu der komischen Pantomime *Der erste Mai im Prater*, die am 21. April 1826 im Theater in der Leopoldstadt aufgeführt wurde: »Der erste May im Prater wird alle Jahr mit einem Wettlaufen der herrschaftlichen Laufer gefeyert. [...] Hieraus hat Herr Rainoldi [...] die sinnreiche Idee ausgeführt [...], wandernde Dekorationen anzubringen. Die Menschen bleiben gewissermaßen feststehen, und die Gegend läuft. [...] Man sieht daher nur die Gesten der Laufenden, das sich sehr possirlich ausnimmt.«
Gallerie drolliger und interessanter Scenen der Wiener Bühnen.
Hrsg. von Adolf Bäuerle, Wien 1827

cert beginnt kurz nach der Rückkehr der Läufer. – Sich gegenseitig neckende, hübsche Dienstmädchen, sorgenfreie Beamte, sorgenvolle Practicanten, pensionirte Wittwen, Invaliden, Bettler im Sonntagsrocke, Landleute, bürgerliche Aristokraten und aristokratische Bürger, Prinzen, Generäle, Tagelöhner und Hofpräsidenten, Alles drängt sich mit freundlichem Antlitze durcheinander, und freut sich sich seines Daseyns, als ob alle Tage 1ster May in Wien wäre. Späterhin folgen die glänzendsten Equipagen, geziert mit weibliche Gesichtern, daß man vor Liebe verrückt werden möchte, aber auch mitunter mit leeren Stutzerlarven angefüllt, die Alles belorgnettiren, Alles in sich verliebt glauben, und sich für Phänomene der schönen Männerwelt halten, weil sie eine Backenbartbürste in der Tasche haben.«[18]

Laufen als Spektakel

Leider war die genaue Distanz der Rennstrecke im Prater nicht zu ermitteln. Realis spricht in seinem *Curiositäten- und Memorabilien-Lexicon* (1846) von einer »bedeutenden Länge dieser Rennstrecke«, andere bezeichnen sie als etwa halb so lang wie den Freilauf nach Mariabrunn, das wären rund 9 km.[19] Im Schnitt wurde die Strecke im Prater in etwa etwa 45 Minuten durchlaufen. Zwar berichtete die Wiener Lokalpresse regelmäßig und von Anfang an von der »Lauferlauferei« am ersten Mai im Prater,[20] aber erst ab den 1840er Jahren werden auch die Zeiten genannt, mit denen die ersten Läufer durchs Ziel kamen.

Vom Mailauf des Jahres 1846 schreibt die *Allgemeine Theaterzeitung*: »... Der fürstlich Schwarzenbergsche Läufer Franz Wandrusch blieb Sieger. Er vollendete den Lauf in 41 Minuten. Zweiter am Ziele (mit 42 Minuten) war der Läufer des englischen Botschafters, Franz Piesell. Diesem zunächst (in 43 Minuten) langte der Läufer des französischen Botschafters, Franz Seemann, am Ziele an, und in 44 ½ Minuten hatte der vierte Läufer Johann Taschek (gegenwärtig ohne Bedienstung) dasselbe erreicht.«[21]

Ein Jahr zuvor hatte es Franz Wandrusch noch in 40 Minuten geschafft. Und der Sieger des Jahres 1836 soll gar nur 30 Minuten für die Bewältigung der gleichen (?) Distanz gebraucht haben.[22] Es kam weniger darauf an, welche Zeit gelaufen wurde, als vielmehr darauf, welche drei Adelshäuser mit ihren Laufern diesmal die besten Plätze belegten. Die abstrakte Leistung, gemessen im Verhältnis von Zeit zu Strecke, interessierte noch gar nicht.

Überhaupt war das Wettrennen der herrschaftlichen Laufer am 1. Mai weniger ein *sportliches* Ereignis, als ein *Spektakel*. Ein Spektakel unter anderen, wie sie der Prater sonst auch mit seinen Kunstreiter- und Seiltänzerdarbietungen, seinen Feuerwerken und Schaustellungen merkwürdiger Tiere und Menschen bot. Das Publikum verfolgte die Rennen Mund und Nase aufsperrend und mit amüsiertem Kopfschütteln, wie es etwa auch der Darbietung eines Hochseilakts folgte. Wozu eine derartige Hetzerei gut sein sollte, wo man gemächlich spazierend und in einer Kutsche fahrend auch zum Ziel kam – darauf konnte es sich keinen Reim machen. Die Idee des Sports war zu Beginn des 19. Jahrhunderts auf dem Kontinent noch ganz unbekannt.

Die einzigen, die vielleicht einen Sinn in der »Läufer-Hetze« sahen, waren die, die auf den Sieg einzelner Läufer wetteten und sich pecuniären Gewinn versprachen. Aber das waren relativ wenige, meist Adlige oder »Stutzer«, die den englischen »Gentleman« imitieren wollten. Unter der einfachen Wiener Bevölkerung war das Wetten zu Beginn des 19. Jahrhunderts längst noch nicht so verbreitet wie etwa zur gleichen Zeit in Großbritannien.

Trotzdem waren die Wettläufe der herrschaftlichen Laufer (als amüsante Unterhaltung) bei der Wiener Bevölkerung – sieht man von den wenigen kritischen Stimmen einiger »Aufgeklärter« ab – zunächst ungemein populär. Und diese Popularität stieg noch, nachdem die Wettläufe von Mariahilf in den Prater verlegt worden waren und zu einem alljährlich mit Spannung erwarteten Spektakel ausgebaut wurden. Das beweist nicht nur die Menschenmasse, die sich alljährlich zum 1. Mai an der Rennstrecke einfand, sondern auch die Tatsache, daß das Wettlaufen Anlaß zu einer komischen Pantomime gab, die am 26. April 1826 im Theater in der Leopoldstadt aufgeführt wurde.

Wie sehr die herrschaftlichen Laufer selbst ihre Mai-Läufe als Attraktion sahen, zeigt das Gesuch, das der Laufer der französischen Botschaft im Namen aller seiner Kollegen 1827 bei den zuständigen Behörden einreichte und in dem er darum bat, den Mailauf statt um 6 Uhr in der Frühe erst Mittags um 1 Uhr in einem geschlossenen Teil des Praters stattfinden zu lassen. Es waren weder sportliche, noch zünftige, sondern fianzielle Gründe, die Veranstaltung von den kühlen Morgenstunden in die heiße Mit-

»Läufer, (der) *) von dem Zeit–Worte laufen.
I. eine Person, welche läuft, L. Cursor, Fr. Coureur, Fämin. die Läuferinn. Er ist ein guter Läufer, gelernte Läufer, Kunst-Läufer, Läufer von Profession, auf besondere Art gekleidete Bedienten, welche vor dem Wagen oder Pferde ihres Herren herlaufen. Ehedem pflegte man auch die Fuß-Boten Läufer zu nennen [...] *) Im Nieders. Looper, im Oberd. Laufer, weil man daselbst in der zweiten und dritten Person du laufst, er lauft sagt.«

Krünitz, Oeconomisch technologische Encyclopädie (1795)

Gestern, den 2. Mai, Morgens, fand der alljährlich gewöhnliche Wettlauf der hiesigen herrschaftlichen Laufer Statt. Schon um 5 Uhr Morgens zeigte sich der Weg von der Stadt nach dem Prater wieder von Tausenden bedeckt, welche hinabzogen, den Wettlauf zu schauen. Am Eingange der Hauptallee, (welche für Fahrende für die Zeit des Wettlaufes geschlossen bleibt), war das Zelt mit den Siegesfahnen aufgestellt. Industriöse Köpfe hatten vor dem Eingange der Allee Tribunen aus den verschiedensten Geräthen erbaut, um gegen kleine Münze den Schaulustigen den Anblick der Ablaufenden und ihrer Rückkehr an das Ziel, zu verschaffen. Auch in der Allee selbst, waren zu beiden Seiten des Fahrweges, auf welchem der Wettlauf Statt findet, die Zuschauer in gedrängten Reihen aufgestellt. Cavallerieposten erhielten die Ordnung, und sorgten, daß der Raum der Straße bei dem Andrange frei blieb.

Allgemeine Theaterzeitung, Wien 1842

Läuferzug im Prater am 1. Mai
Nach einem Gemälde von A. Schön, um 1892

Nach beendetem Wettlauf zogen die Beteiligten – die drei Sieger voran – hinter dem Vorstand, der die Innungsfahne mit der gestickten Inschrift *Fortschritt* trug, unter Musikbegleitung durch den Prater zum I. Kaffeehaus, »woselbst das Fest seinen nassen Abschluß fand«.

tagszeit zu verlegen. Man plante Eintrittsgeld zu erheben und hoffte auf noch größeren Publikumsandrang – das Frühaufstehen war in Wien nie Mode gewesen.

Der Lauf sollte auf dem Feuerwerksplatz beginnen, am letzten Kaffeehaus vorbei über die Hauptallee bis zum Kaisergarten und von da über den Eisvogel zurück zum Start gehen. Die Laufer erklärten, den Reinertrag zur Hälfte den Lauferswitwen und -waisen, von der anderen Hälfte 2⁄6 dem Verein adliger Damen, 1⁄6 den Invaliden vom Feldwebel abwärts auf die Hand, 2⁄6 dem Armeninstitut und 1⁄6 den barmherzigen Brüdern zu spenden.

Die zuständige Polizei-Bezirks-Direktion der Leopoldstadt, die die nach dem Rennen in den Kaffeehäusern kling-klang-Gloria-feiernden Laufer aus den Vorjahren kannte, mochte wohl nicht so recht daran glauben, daß viel »Reinertrag« für die Wohlfahrt übrigbleiben würde und verweigerte die Bewilligung:

»Der 1. Mai ist, wenn das Wetter günstig ist, ein Tag, an welchem eine große Menge der Bewohner Wiens aus allen Classen in den Morgenstunden dem Prater sowie dem Augarten zuzuströmen pflegt. Es wäre dem Publikum sehr unlieb und lästig, wenn es heuer wegen der vorgehabten Sperrung des Praters [...] vom frühen Morgen an den freien Zutritt dahin entbehren müßte. Ebenso rechnen die Praterwirthe auf den starken Besuch am Morgen des 1. Mai und würden daher über Verkürzung in ihrem Gewerbe klagen; denn von den Mittags beim Wettlauf anwesenden Menschen dürften nicht viele in den dortigen Wirthshäusern einkehren, sondern die meisten gleich nach dem Spektakel den Prater verlassen. Der Wettlauf um die Mittagszeit würde den gewöhnlichen Unterhaltungen im Augarten eine Menge Menschen entziehen, dagegen – besonders, wenn der Lauf in verschiednen Costüms gestattet würde, eine sehr große Menschenmasse im Prater zusammendrängen. Die Polizei-Ober-Direktion verfügte hierüber, daß im Falle die herrschaftlichen Laufer die ihnen im J. 1822 aus besonderen Rücksichten zugestandene Erlaubnis, im Monate Mai einen Wettlauf im Prater abzuhalten, auch in dem gegenwärtigen Jahre zu benützen wünschen, dagegen unter genauer Beobachtung aller in dieser Beziehung bisher festgesetzt gewesenen Modalitäten, kein Anstand bestehe; von einer Änderung der Laufbahn, von verschiedenartiger Costümirung der Laufer, sowie einer Sperrung des Praters gegen Eintrittsgeld könne jedoch bei diesem Mailaufen in keinem Falle die Rede sein.«[23]

So blieb äußerlich alles beim alten. Unter der Hand versuchten die Laufer allerdings, ihre Einkünfte dennoch zu verbessern. Es wurde hoch gewettet. Man munkelte von Schiebung und abgekartetem Spiel.

Konnte der oben ausführlich zitierte norddeutsche Anonymus Anfang der 1830er Jahre »nicht in einem einzigen Gesicht Zeichen des Mißmuts« lesen, so änderte sich das grundlegend zu Beginn der 1840er Jahre. Mit der Politisierung im Vormärz schlug die Verständnislosigkeit gegenüber den Wettrennen der herrschaftlichen Laufer in Unmut um.

Man begann diese Veranstaltungen nicht zu Unrecht als feudale Späße zu beargwöhnen, die die Adligen sich auf Kosten der von ihnen abhängigen Dienstboten leisteten. Man verglich die Mai-Veranstaltungen im Prater mit den »barbarischen« Tierhetzen, die unter der Schirmherrschaft des Kaisers noch gegen Ende des 18. Jahrhunderts veranstaltet worden waren und schrieb ihre Einführung den verhaßten Spaniern zu, die Kaiser Karl IV. mit ins Land gebracht hatte, und deren schwarzer Inquisitoren-Katholizismus fast ein Jahrhundert lang alle Reformen verhindert hatte.

Noch 1888 schrieb dazu der Lokalhistoriker Wilhelm Kisch voller Empörung: »Dies nannten die Wiener ein Vergnügen, welches mir aber barabarischer dünkt, als sie Thierhetzen im ehemaligen ›Hetztheater‹. Allerdings erhoben sich gegen diesen Barbarismus ernste Stimmen und viele konnten es nicht begreifen, wie sich vernünftige Menschen für ein Paar lumpige Ducaten ihre Gesundheit oder gar ihr Leben auf die Probe stellen mochten, da doch regelmäßig jedesmal diese Productionen einige Menschenleben kosteten.«[24]

Die *Neuen komischen Briefe des Hans Jörgels von Gumpoldskirchen* – ein Nachfolgeperiodikum der oben mehrfach zitierten *Eipeldauerbriefe* – fanden die Läuferhetzen gar nicht witzig. 1836 schrieben sie: »Wie man in unsern aufgeklärten Zeiten no so ein barbarischen Gebrauch fortsetzen kann, der a nit viel besser ist, als wie vorher die spanischen Stiergefechte, wo alles gejubelt hat, wann einem von einen wilden Ochsen ein Rippen eing'stossen worden ist, das ist mir unbegreiflich.«[25]

Und 1840: »... Wie i a die Pferdewettrennen und die Lauferei im Prater für nix anders als für eine Roß- und Menschenmarterei halt.

Wenn a die Laufer nur unter die *gemeine* Klaß Menschen g'hörn, die Roß aber lauter *edle* seyn, so g'hört sich's do nit, daß man Menschen und Roß so gleich stellt, wies bei der Rennerei und Lauferei g'schieht. Es ist wirkli erbarmenswerth, wenn man so ein Roß und ein Laufer anschaut, wie sie sich um den Preis bewerbn; und da wollens mir alleweil h'nausdisputirn, daß dös zur Veredlung der Pferdezicht, dös heißt, nit die Lauferei, sondern die Rennerei, beitragen soll, denn 'serste weiß i gar nit zu was's is, außer es hat etwan der Chirurg davon ein bessern Begriff, der alleweil mitfahrt, wenn ein Unglück g'schieht. Mus dös nit jeden, der ein *menschliches* Gfühl in seiner Brust hat, empörn, wenn ein *Mensch*, ein Mitbruder von ihm, wie ein Thier zeign soll, wer eine größere G'schwindigkeit besitzt, und auf eine Art zeign, wo sein Leben aufn Spiel steht? Wenn ein'm ein Roß dauert, was soll man zu ein'm Menschen sagn? [...] Gibts denn keine Unterhaltung mehr, bei denen man nit z'erst über die Stufen der Menschheit abisteign muß, um sie mitz'mache? Habn denn d'Leut so weni g'lernt, so weni Sinn für etwas geistiges und höheres? Sollten Leut, nach der ihren Stand Tausende d' Augen richten, vor Scham nit in d' Erd sinken, wenns Sachen machen, wo sich nur ein schlichter Mensch schon mit Ekel abwenden muß?«[26]

Zu den Unzufriedenen, die ihren Protest gegen diese Menschenschinderei öffentlich kundtaten, gehörte auch der berühmte und gefürchtete Kritiker Moritz Saphir; schon 1824 hatte er unter dem Titel *Prater-Melodien* gedichtet:

Der Laufer.
Wir rennen und jagen
Vor Kutscher und Wagen
Der Eitelkeit Frohn,
Und unserm Bestreben,
Wie manchem im Leben,
Wird Schwindsucht zum Lohn.
Wir fliegen behende,
Wer früher das Ende,
Das Ziel wohl erreicht,
Und hat man's errungen,
Hält fest es umschlungen,
So liegt man erbleicht.

Kritik an den Läuferhetzen
Kolorierte Kreidelithographie, Beilage zu den
Neuen komische Briefen des Hans-Jörgels (1842)
Museum der Stadt Wien.

»Mei Mali hat mi gfragt, wie mir das Ding gefallen hat, weil i aber ein grader deutscher Michel bin, so hab i rund außa gsagt, gar nit – den ich sich halt nit ein, zu was ein solche Schinderei nutzen soll, wo ein Menschen entweder glei der Schlag treffen möcht, oder höchstens die Madame Lungel ein Billiet an die Fräulein Abzehrung schicken kann, daß sie's einmal heimsuchen möcht.«
Neue komische Briefe des Hans Jörgel. Wien 1833

Die Zuschauer.
Welch Vergnügen! wie sie fliegen!
Ihr Odem gebricht,
Wie sie keuchen und erbleichen,
Uns kümmert es nicht!
Kann dieß Hetzen uns ergötzen,
So lauft euch zu tod,
Wir vermeiden unsre Freuden
Nicht um And'rer Noth![27]

Ein paar Jahre später, in der von ihm herausgegebenen satyrischen Zeitschrift *Humorist*, wetterte Saphir: »Warum hats am ersten Mai geregnet? Weil der Himmel den Leuten den Kopf recht waschen will, daß sie das ein Maifest nennen, wenn man Menschen wie Tiere wettrennen läßt, bis ihnen das Blut zu Mund und Nase herausströmt.[28]

Das Ende des Läuferfests

Doch diese Stimmen gegen den »Barabarismus« verhallten zunächst ungehört, und erst nach den Barrikadenkämpfen der bürgerlich- demokratischen Revolution fanden sie »die geeignete Accustik!«[29]. Am 1. Mai 1847 wurden das letzte Wettlaufen der herrschaftlichen Laufer im Prater veranstaltet.

Wie sehr die Laufgegner die Überhand gewonnen hatten, geht aus dem durch den Volkszorn leicht verschreckten Bericht der Polizei-Direktion Leopoldstadt vom 3. April 1848 hervor, mit dem sie Stellung zu der aufgeworfenen Frage nahm, ob die Wettläufe auch in diesem Jahr veranstaltet werden sollten:

»Bereits vor dem in den Märztagen stattgefundenen Umschwunge der Dinge in Wien, so wie auch gegenwärtig, sind wiederholt in verschiedenen Zeitschriften, namentlich in *Saphirs* Humorist, in *Frankl's* Sonntagsblättern und anderen Blättern Stimmen laut geworden, welche die Abschaffung des seither am 1. Mai im Prater stattgehabten: *Wettlaufes der herrschaftl. Laufer*, als inhumanes und barbarisches Fest gefordert haben – Stimmen, denen bey der nunmehrigen Stellung der Polizeybehörde um so weniger ein geneigtes Gehör verweigert werden dürfte, als die Art und Weise der Abhaltung dieses Wettlaufes – mit den dermaligen Zeitverhältnissen und hohen Anforderungen von Seite der Humanität geradezu in Widerspruch – kaum mehr für die untersten und ungebildetsten Klassen des Volkes ein erhebendes Schauspiel darbieten kann, u. weiters auch einer auf gleiche Weise unberufen laut gewordenen Stimme mit der sogleichen Beseitigung der seither in Übung gewesenen einzigen Schutzwaffe der Polizeywachmannschaft: des gewiß nur selten und nothgedrungen gebrauchten Stockes willfahrt worden ist.

So viel hier bekannt, pflegen die im Dienste stehenden herschaftlichen Laufer zur Creirung eines Fonds für ihre hinterbliebenen Witwen und Waisen und dienstunfähigen Kameraden gewöhnlich um diese Zeit bei sämmtlichen Herrschaften in der Residenz Sammlungen zu veranstalten, aus deren Ertrage nicht allein der obangeführte Zweck gefördert, sondern auch die bei Abhaltung des Wettlaufens für die nöthige Wachmannschaft, dann ein gewöhnlich im I. Kaffeehause für sich selbst, ihre Angehörige, Bekannte und sonstige Freunde bestelltes Frühstück und anderweitige Aufwände sich ergebenden Auslagen bestritten werden, die numerisch nicht unbedeutend den zugrundliegenden humanen Endzweck allerdings sehr beeinträchtigen.

Vor Jahren wohl zeigte sich selbst in den höheren Kreisen der Aristokraten eine sehr rege Theilnahme [...], indem sie sich dabei nicht allein persönlich und für den Einen oder Anderen Laufer eine Wette eingehend eingefunden, sondern sowohl die Theilnehmer, wie insbesondere die Sieger in diesen Wettläufen, mit hohen Geldgeschenken unterstützt – letztere nicht selten unter Verabreichung ausgiebiger Jahresgehalte in ihre Dienste genommen haben.« Im weiteren geht der Bericht darauf ein, daß aus ärztlicher Sicht das Wettlaufen mit den nachteiligsten Folgen verbunden sei, daß jetzt nurmehr die untersten Volksklassen Vergnügen an diesem Spektakel fänden und außerdem allerhand Unredlichkeiten dabei vorgefallen seien: zum Beispiel, daß Bereiter und Stallknechte in Aussicht einer Belohnung von Seite der Dienerschaft die gegnerische Laufer behindert, ja, daß die Teilnehmer den Ausgang des Rennen von vornherein untereinander abgesprochen hätten. »Die Basis dieser Festlichkeit ist sonach entweder auf Täuschung oder auf Ungerechtigkeit begründet und demnach schon aus diesen Gründen, abgesehen von den übrigen unliebsamen Anhängseln, deren Abstellung nur wünschenswerth, ja dem dermaligen Geiste der Bevölkerung entsprechend.

Um jedoch die eingewurzelte Gewohnheit des rohen Haufens in dieser Hinsicht zu satisfiziren, anderseits durch die beantragte Abstellung einen allfälligen Anlaß zur Unzufriedenheit zu vermeiden, erachtet man vor allem *eine öffentliche Verlautbarung und bey Zeiten stattzuhabende Verständigung* der Unternehmer dieser Festlichkeit nothwendig und glaubt statt derselben einen etwa vom Praterstern bis zum I. Kaffeehaus unter Musikbegleitung und Vortragung einer, mit dem für Laufer gewiß entsprechenden Worte: *Fortschritt* bezeichneten Fahne stattfindenden Festzug in Antrag stellen zu dürfen, wodurch einerseits den Anforderungen der Zeit zuvorgekommen und entsprochen, andererseits der humane Zweck dieses Festes noch aufrecht erhalten würde.«[30]

Dazu kam es »zur Freude aller Aufgeklärten« nicht mehr; die bittstellenden Laufer verzichteten, »dem Zug der Zeit folgend« freiwillig »künftighin auf jeden Wettlauf«. Die Laufer selbst hatten wohl erkannt, daß der *Fortschritt*, den sie sich auf die Fahne geschrieben hatten, sie überrollt hatte. Der Beruf des herrschaftlichen Laufers war künstlich als Statussymbol eines konservativen Adels, der auf Ökonomie und Effizienz nicht sah, am Leben erhalten worden. Jetzt, nach 1848, als es riskant wurde, als der den Volkszorn auf sich ziehen konnte, der mit einer Kutsche und einem silber-livrierten Vorläufer vorweg durch Wiens Straßen fuhr und penetrant seine feudalen Privilegien zur Schau stellte, fand der Adel es opportuner, sich unauffällig im Hintergrund zu halten. Man wollte keine zweite Revolution – gar nach französischem Vorbild – provozieren. Also entließ man die Läufer, gab ihnen andere unauffälligere Posten, etwa als Kammerdiener oder Stallbursche.

Als das turbulente 48er Jahr einigermaßen friedlich zu Ende gegangen war, scheinbar alles wieder beim alten war und dennoch im Mai 1849 kein Wettrennen im Prater abgehalten wurde, vermerkte der *Österreichische Courier* (der seinen Namen doch von laufenden Boten herschrieb) das Ausbleiben der traditionsreichen Veranstaltung mit Genugtuung als Zeichen des Fortschritts: »Sonst wurden am 1. Mai die Läufer gehetzt«.[29]

Vierzig Jahre später (ab 1890) zogen an Stelle der herrschaftlichen Laufer am 1. Mai die Wiener Arbeiter zu ihren Kundgebungen durch den Prater. Das stand zwar in keinem Zusammenhang mit den einstmals dort stattgehabten Läuferhetzen, aber vielleicht hat es doch einer oder der andere von den älteren Genossen mit Befriedigung vermerkt.

Bei aller Empörung, irgendwie vermißte man die Läufer doch. Man hing in Wien halt an der »guadn oidn Zeit«. Als 1884 der »letzte« herrschaftliche Laufer starb, war das dem *Illustrierten Extrablatt* einen Nachruf wert: Johannn Häussler kam um 1830 aus Neu-Hradek in die Kaisersstadt, um Laufer beim Fürsten Colloredo-Mannsfeld zu werden; später versah er diesen Dienst beim englischen Botschafter. Nach 1848 wurde er wie alle anderen Laufer entlassen, fand aber Unterkommen als Kammerdiener im Hofdienst. Er war 74 Jahre alt, als er starb.[30] Auch über den Tod des »allerletzten« (1892) und »allerallerletzten« (1894) Laufers berichtete die Wiener Presse.[31]

Mit Hoher Obrigkeitlicher Bewilligung
hat der berühmte Königlich-Preussische Kunstläufer

Carl Giese

die Ehre, hiermit ergebenst anzuzeigen, daß er
heute, Sonntag den 26ten September 1830, Nachmittags um 4 Uhr,
auf vieles Verlangen

einen Kunst-Wettlauf

vorwärts,
in einem Zeitraum von 49 Minuten, zweymal den Weg von der Aa-Brücke bis nach Haltan ausführen wird.

Noch wird bemerkt, daß Herr Giese den weiten Weg von Brüssel nach Paris, d. i. 71 französische Meilen, in 21 Stunden zurückgelegt hat; auch erbietet er sich, von hier nach Riga in 2 Stunden 30 Minuten zu laufen.

Herr Giese bittet, ihn zu Wagen und zu Pferde zu begleiten.
Die resp. Zuschauer zahlen nach Belieben.

Sollte die Witterung nicht günstig seyn, so ist der Wettlauf morgen, Montag.

Anschlagzettel für den Kunstläufer Carl Giese
Mitau 1839
(StUB Frankfurt/M.)

4. Kapitel
KUNSTLÄUFER

Auf den freien Markt geworfen

Das Wettrennen der herrschaftlichen Laufer im Prater, ausgebaut zu einem Spektakel, war selbst schon ein erstes Indiz für das Überflüssigwerden der Vorläufer und der laufenden Boten. Der Ausbau und die Perfektionierung der Kaiserlich Thurn & Taxis'schen Post (ab 1729 zentral von Frankfurt am Main verwaltet) hatte den Niedergang dieses Berufsstandes angekündigt. Die nach den Napoleonischen Kriegen auch in Deutschland rapide fortschreitende Verbesserung des Kommunikationswesens, der Ausbau der Straßen, der Einsatz des optisch-mechanischen Telegraphen, das Aufkommen der Eisenbahnen besiegelten diesen Niedergang. Den Schlußstrich unter diese Entwicklung zogen nicht die Barrikadenkämpfe im Frühjahr 1848, sondern die 1849 (zuerst in Bayern) eingeführte Briefmarke. Sie machte unübersehbar deutlich, daß laufende Boten ein überlebter Luxus waren. Den herrschaftlichen Laufer, als Statussymbol des konservativ eingestellten Hochadels, traf diese Entwicklung zuletzt. Zwar hatte schon 1796 das Gerücht kursiert, daß »d' gnädign Herren und Fraun ihre Laufer jetzt ganz eingehn lassen« wollen, aber davon war man aus Standesgründen wieder abgekommen.[1] Bei Gemeinden und Behörden kannte man derartige Rücksichten nicht und entließ nach und nach alle laufenden Boten; ein Prozeß, der etwa um 1800 einsetzte und, von der Ausnahme der Läufer des Wiener Hochadels abgesehen, etwa um 1830/40 abgeschlossen gewesen sein muß.

So verschwand Anfang des 19. Jahrhunderts der Beruf des laufenden Boten aus dem Ensemble der traditionellen Dienstleistungs-Gewerbe, weil er überflüssig geworden war. – Der Beruf verschwand, nicht aber die Individuen, die ihn bis zuletzt ausgeübt hatten! Sie sahen sich plötzlich aus der festen Lebensstellung auf den freien Markt geworfen, wo sie ihre anachronistischen Lauf-Fähigkeiten wie sauer Bier anbieten mußten. Am 8. Mai 1838 las man folgende Anzeige im *Herzoglich-Sachsen-Altenburgischen Amts- und Nachrichtenblatt*:

> »Ich unterzeichneter Altenburgischer Schnelläufer empfehle mich dem verehrten Publikum zur

Mit Hoher Obrigkeitlicher Bewilligung
wird heute, Sonntag den 11ten Mai 1852,

Wilhelm Goebel aus Preußen

vor seiner Abreise zum Letztenmale

einen Schnell-Lauf

bei **Neu-Sorgenfrei**

veranstalten, und eine Strecke von 4 Werst in 12 Minuten zurücklegen.
Die Kasse wird um 3 Uhr geöffnet; der Schnell-Lauf beginnt um 5 Uhr.
Entrée nach Belieben.
Ein hoher Adel und Ein geehrtes Publikum wird um gütigen Besuch ergebenst gebeten.

A. Germolajew.

Anschlagzettel für den Kunstläufer Wilhelm Goebel
Mitau 1852
(StUB Frankfurt/M.)

schnellsten und billigsten Ausführung jedes expressen Wegs als Eilbote in die Nähe und Ferne. Ich laufe in der längsten Tour 13 Meilen täglich, mache zwei Stunden Wegs in der Umgebung Altenburgs in 50 Minuten hin und zurück, gehe in 3 Stunden nach Leipzig, in 7 hin und zurück, in 8 ½ Stunden nach Dresden, ja, wenn er nötig sein sollte, in einem Tage hin und zurück, selbst wenn dieser Weg den andern Tag müßte wiederholt werden: in 3 ½ Stunden nach Chemnitz, in 1 ¼ Stunden nach Penig, in ¾ Stunden nach Borna, nach Weimar in 9 Stunden. Über alle diese und noch mehrere gemachte Eilwege habe ich die richtigsten Atteste aufzuweisen und werde bei geneigter Bestellung zeigen, daß ich wirklich ein schneller Läufer bin.

Karl Hebenstreit auf der Kehriggrube bei meinen Eltern wohnhaft.«[2]

Hebenstreit, der schon unter symbolträchtiger Adresse logierte, wird kaum reüssiert haben. Seine Dienste wurden nicht mehr gebraucht.

In Ketten und im Walzerschritt

Die Läufer wurden schlicht arbeitslos. Ein Unterkommen in anderen Berufen war schwierig; noch galten überall im Reich die längst überkommenen Zunftgesetze; die allgemeine Gewerbefreiheit wurde in Deutschland erst 1869 eingeführt. Denjenigen Läufern, denen es nicht gelang, irgendwo anders unterzukommen, weil sie nichts anderes gelernt hatten, ging es nicht anders als den abgedankten Kavallerieoffizieren, die Kunstreiter wurden,[3] oder den blessierten Kriegsveteranen, die mit Leierkasten, Laterna magica oder einem Guckkasten durch die Lande zogen – sie wurden gezwungen, aus ihrem ehemals ehrbaren Gewerbe eine Jahrmarktsattraktion zu machen:

Sie veranstalteten Schauläufe gegen Eintrittsgeld. Folgende Annonce ist der Wiener *Theaterzeitung*[4] entnommen, die sie curiositätshalber einem ungarischen Provinzblatt nachdruckte:

»Mit hoher Bewilligung!
wird im freien Comunität Semlin!
Hohen Adel, löbl. k.k. Militär, geehrten Publikum
bekannt gemacht, –
Sonntag den 23. Februar 1840.

Der hier anwesende Herrschaftliche Laufer aus Wien! – sich Im vorwärts und Rückwärts Laufen produciren die Ehre haben, wo er Händ und Füß – Kreutz geschlossen ist, dann 10 Pfund Ketten an der Brust trägt, dem Belgraderthor angefangen die Peterwardeiner Hauptstrasse hinauf, bis zum Illyrischen Kreutz. Die Tur 4 Mal, auf und ab, in 39 Minuten hinterlagt. [?]

Hohe Gnädige!
Bittet, als fünf Jahr vazierender Herrschafts-Lauffer um gnädigste Aufnahme

Dero Dankbarster Monis This.«

In den *Vagabunden*, einem 1852 erschienen Roman in der Nachfolge des Goetheschen *Wilhelm Meister*, mit dem Karl Eduard von Holtei der biedermeierlichen Jahrmarktswelt mit all ihren Attraktionen ein Denkmal zu setzen versucht hat, fehlen auch die »Schnelläufer, die vor 10 Jahren das ganze Land überschwemmten«, nicht.[5] In der Tat waren die große Zeit der Jahrmarkts- und Schauschnelläufer die Jahre zwischen 1840 und 1850; ihr erstes Auftauchen fiel bereits in die 1820er Jahre.

Im Juni 1824 berichtet eine Korrespondenz der Frankfurter Zeitschrift *Didaskalia* aus Darmstadt, daß ein Kunst-Läufer namens Samuel Hartwig aus Offenbach »am 7. dieses Monats einen Lauf nach Bickenbach und zurück – eine Wegstrecke von sechs Stunden – unternommen und bei der Temperatur von 22 Grad Wärme in der Sonne binnen zwei Stunden zwölf Minuten vollzogen und heute eine zweite Probe seiner Virtuosität abgelegt habe, indem er den Weg von hier nach Auerbach, vier starke Wegstunden von der Residenz, in zwei und einer halben Stunde zurücklegte.«[6]

Auch dem überregional gelesenen *Morgenblatt für gebildete Stände* war dieser Lauf – Zeichen dafür, um welch sensationelle Neuigkeit es sich dabei gehandelt haben muß – eine Meldung wert:

»... Eine große Menge Menschen strömte hinaus. Es war ein Tischlergeselle aus Offenbach, der sich ohne lange frühere Einübung an das Wagstück begab. Er erreichte mit sichtbarer Anstrengung sein Ziel um zehn Minuten zu spät, wobey ihn nur ein heftiger Stein-

»Kürassierlauf« und »Lauf mit der alten Großmutter«
Zwei Anschlagzettel für den Kunstläufer Carl Schrött
Holzschnitt, Wien 1827

wurf auf den Nacken von einem bösen Knaben, welchen er aus dem Wege gestoßen hatte, zu Gute kam. Er soll noch stark getanzt haben, und, wie es heißt, nun gefährlich krank, nach Andern an den Folgen seiner Anstrengung gestorben seyn. Der schlechte Erfolg schreckte einen zweyten Lauflustigen nicht ab, am nächsten Sonntag von einem andern Dorf aus einen Lauf von vier Stunden in 72 Minuten zu unternehmen, und an demselben Tag lief auf einem dritten benachbarten Dorfe wieder ein Anderer zwey Stunden in dreyssig Minuten. Es ist nun zu erwarten, ob sich diese Läufer perfektioniren, oder, was wahrscheinlicher ist, das Opfer ihres Vorwitzes werden. Sie scheinen nicht sowohl durch Ehrgeiz und eigene Gewinnsucht, als durch Instigationen gewinnsüchtiger Wirthe angetrieben, welche sich bey diesen Schnellläufen durch den zahlreichen Zuspruch sehr wohl befunden haben.«[7]

Samuel Hartwig muß zu den allerersten Schauläufern gehört haben, denn was er seinem Publikum bot war reine Botenläufer-Leistung – ein Fuß vor den anderen – und für die Zuschauer noch nicht besonders attraktiv, zumal sich Hartwig seinen Distanzläufen mehr als zwei Stunden ausser Sichtweite der Zuschauer befand. Da wurde das Publikum ungeduldig. Johann Valentin Göhrig dagegen wußte seine Auftritte schon wesentlich spektakulärer zu inszenieren; in einem vormärzlichen Tagebuch aus Wien heißt es:

»Montag, 23. Oktober 1826. Johann Valentin Göhrich, der als Schnell-Läufer sich bereits in Petersburg, Berlin, Warschau, Frankfurt a. Main und anderen großen Städten produzierte und allgemeinen Beifall einerntete, ist in Wien angekommen und legte heute um die Mittagsstunde in Gegenwart eines sehr zahlreich versammelten Publikums öffentliche Proben seiner Geschwindigkeit ab, indem er in Harnisch, mit Vor- und Hinterküraß, mit Helm und Visier, Säbel, langen Stiefeln, wie ein Kürassier zu Pferde, im k.k. Prater die Strecke in der Feuerwerksallee vom Eisvogel hinab bis zur Kommunikationsstrasse zur Hauptallee, von hier aufwärts zum Kaisergärtchen, von diesem über die Wiese in der Feuerwerksallee bis zum Eisvogel in einem Zeitraum von 55 Minuten viermal zurücklegte.«[8] Fast zwanzig Jahre später war – Beweis für seine Popularität – in einer hessischen Zeitung zu lesen: »Göhrig von Langen, ein [...] vaterländischer Läufer hat sich vor längerer Zeit in den Ebenen von Rußland verlaufen, ohne daß man bis jetzt wüßte, ob er unter die Kosaken, Kirgisen, Baschkiren oder Mongolen geraten sei und unter den Zelten der luftigen Steppen ansässig geworden ist.«[9]

1827 zeigte Carl Schrött im Circus Gymnasticus von Johann Porte in Neulerchenfeld bei Wien seine Künste; in Helm und Küraß umlief er das Circusgebäude 50 Mal in 9 Minuten.[10] Zwei Jahre später, 1828, traten gleich zwei professionelle Schau-Schnelläufer in Wien auf. In April machte Franz Zeiss einen »Kürassierlauf« von der Hietzinger Brücke bis Ober St. Veit; und im Oktober zeigte Carl Herold (aus Emden in Ostfriesland) auf der gleichen Strecke einen Schaulauf neuer Art: nach Ober St. Veit rannte er rückwärts, den Weg zurück im Walzerschritt, wofür er insgesamt 50 Minuten brauchte.[11]

Doch nicht nur Weltstädte wie Wien oder St. Petersburg, auch kleinere Orte wurden von den in ganz Deutschland umherziehenden Schauläufern besucht. 1839 trat in Kassel, damals noch ein recht unbedeutendes Residenzstädtchen, der Läufer Heicke aus Braunschweig mit einem Schnellauf rückwärts auf.[12]

Im kurländischen Mitau zeigte der »berühmte Königlich-Preussische Kunstläufer« Carl Giese einen »Kunst-Wettlauf vorwärts«.[13] Sechs Jahre später war er wieder in Mitau mit einem »Kunst-Wettlauf auf eine ganz neue Art«, nämlich »rückwärts, vorwärts und mit der Kette.«[14] 1845 warb er am gleichen Ort mit einem Plakat, dessen grober Holzschnitt ihn zeigte, wie er, in kurzem Röckchen, mit einem Federbusch auf dem Kopf und einer Uhr in der Hand, die mit einer dicken Kette an sein Fußgelenk gebunden war, einem galoppierendem Pferd davon lief: »Er bitte ein hochgeehrtes Publikum um zahlreichen Zuspruch und ihn während seines Laufes fahrend zu begleiten.

Carl Giese hat es im Schnelllauf am weitesten gebracht, wie es auch in- und ausländische Blätter laut bezeugen, und er hat unter anderem den Weg von Paris nach Brüssel (71 franz. Meilen) in 21 Stunden zurückgelegt. Die größten Städte, wie z.B. Moskau, St. Petersburg, Wien, Kamenez-Podolsk, Odessa, Berlin, Amsterdam und Paris haben ihre Zufriedenheit mit seiner Kunst bewiesen. [...] Die Zahlung für die Person ist nach Belieben, jedoch werden die hochgeehrten Zuschauer ersucht, sich von dem beliebigen Betrag nicht auszuschließen.«[15] – Kunstläufer hatten es schwer auf ihre Kosten zu kommen, ihr Schauplatz ließ sich nicht wie eine Seiltänzer- oder Raritätenbude abriegeln, sie mußten die Zuschauer auch ohne Eintrittsgeld zulassen und waren ganz darauf angewiesen, daß sie sich nicht verdrückten, bevor man mit dem Hut herumgegangen war.

Wilhelm Goebel, der sich 1852 abwechselnd als Schnelläufer aus Preußen und aus Tirol ankündigen ließ, lief unter Musikbegleitung vier Werst (1 Werst = 1,067 km) in 12 Minuten, wobei er sich mit einer Peitsche selbst anspornte. Sein Lauf-Kostüm bestand gewöhnlich aus einem Faltenröckchen, gelegentlich trat er aber auch im »Genueser-« oder im »Ritter-Kostüm« auf.[16] Ebenfalls in einer Ritterrüstung lief im gleichen Jahr Wilhelm Wohlgemuth aus Lübeck.[17] Ein erweitertes Programm bot Friedrich Wilhelm Behrendt, »Kunstschnelläufer aus Preußen« im Mitauer Vergnügungsgarten »Neu-Sorgenfrei«: 1. Veranstaltete er einen Wett-Schnell-auf »in Begleitung der alten Großmutter«, d.h. er trug bei seinem Lauf eine Kiepe, in der eine Person saß, meist ein als alte Frau verkleidetes Kind, das während des Laufens Faxen machte. Dies war eine komische Einlage, die sich die Läufer von den Schrägseilläufern abgesehen hatten, die auch mit »einer alten Großmutter« auf dem Buckel auf dem Seil zur Kirchturmspitze hinaufklommen. 2. Zeigte Wohlgemuth einen Schnellauf in Ketten; 3. machte er zusammen mit seiner achtjährigen Tochter Maria allerlei gymnastische und Balancier-Künste; 4. ließ er einen großen Luftballon steigen. Zu alledem spielte das Musik-Corps des »Neapolitanischen Regiments« auf. Ein paar Tage nach dieser Veranstaltung kündigte er »auf Verlangen einen Wett-Schnell-Lauf« an, zu dem er »alle hier anwesenden Schnelläufer aufforderte, mit ihm unter der Bedingung in die Wette zu laufen, daß dem Mitläufer, wenn er auf dem Rückwege von Neu-Sorgenfrei früher die grüne Brücke erreichte, die ganze Einnahme gehört. – Zugleich verpflichtet sich der oben genannte Kunstschnelläufer, einem Mitläufer 150 Schritte Vorsprung zu gestatten.«[18] Diese hier vorgeschlagene Konkurrenz zielte vor allem auf Carl Herold aus Emden, der sich zur gleichen Zeit in Mitau mit seiner Spezialität, dem vorwärts und rückwärts gelaufenen »Schnellwalzer« produzierte. Ob Herold, der seit über 20 Jahren im Läufergeschäft war – 1828 trat er in Wien, 1832 zum ersten Mal in Mitau auf – die Konkurrenz annahm und wer sie gewann, ist nicht überliefert.[19]

Im Laufe der Jahre entwickelte sich das Jahrmarktsschaulaufen, das ursprünglich von abgedankten Botenläufern betrieben wurde, die aus der Not eine Tugend zu machen versucht hatten, eine eigenständige artistische Disziplin, die auch von Personen, die niemals berufsmäßige Botenläufer gewesen waren, ausgeübt wurde.

Mit Hoher Obrigkeitlicher Bewilligung
wird
heute, Sonntag den 8ten Juli **1845**,

Madame W. Nagel aus Preußen

zum zweiten Male einen

Schnell=Lauf

auf dem Damm veranstalten, und die Strecke von der Schleuse bis zum Röthingschen Hause und retour, welche vier Werst beträgt, in einem Zeitraume von 15 Minuten zurücklegen. Sie bittet Einen Hohen Adel und Ein geehrtes Publikum um gütigen Zuspruch.

Die Kasse wird um 4 Uhr geöffnet,
der Schnell-Lauf beginnt um 7 Uhr.
Entrée nach Belieben.

Anschlagzettel für die Kunstläuferin Madame Wilhelmine Nagel
Mitau 1845
(StUB Frankfurt/M.)

Indiz dafür ist das Auftreten weiblicher Schnelläufer. 1845 und 1846 trat Madame Wilhelmine Nagel aus Preußen in Mitau auf. Sie zeigte einen Schnellauf und einen »Zwillings-Schnell-Lauf« – was immer das gewesen sein mag –, bei dem sie die Strecke von vier Werst in 15 Minuten zurücklegte. Der ihre Anschlagzettel zierende Holzschnitt zeigt sie in langen Hosen und mit Epaulettenbesetzem Rock, auf dem Kopf die obligate, mit Federbüschen geschmückte Kappe, In der Hand hält sie neben einer mehr als Küchenwecker-großen Uhr auch eine Peitsche, mit der sie sich während des Laufes selbst ermunterte. Wohl weil ihre Leistungen weniger Spektakulär als die ihrer männlichen Kollegen war, bot sie am Ende ihrer Veranstaltung den Zuschauer zusätzlich den Aufstieg eines »großen chinesischen Luftballons« unter Musikbegleitung.[20]

Nach 1850 wurden die Kunstschnelläufer zunächst seltener, das Publikum hatte sich an ihren Attraktionen satt gesehen. Ab und zu tauchte aber doch mal wieder ein Läufer auf und annocierte seine Künste in der lokalen Presse; so z.B. ein Ungenannter, der am 28. August 1859 in Kassel »vom Frankfurter Thor an bis nach Niederzwehren und zurück in 40 Minuten« laufen wollte.[21] Wenige Tage später, am 1. September, lief er vom »Wilhelmshöher Thor bis vor Wilhelmshöhe und zurück in 30 Minuten«, eine Leistung, die derselbe Läufer, vielleicht aber auch ein Konkurrent, am 3. Dezember des gleichen Jahres um ganze 5 Minuten unterbot.[22]

Ein Jahr später, im Juni 1860, veranstaltete W. Braun zwei Schnell-Läufe in Kassel,[23] die offenbar wenig Anklang fanden, denn für rund 15 Jahre hört man in Kassel nichts mehr von Jahrmarktsläufern. Dann war folgender (aus einer schlesischen Zeitung übernommener) Artikel in der *Hessischen Morgenpost* zu lesen, der darüber berichtete, wie das Auftreten der Jahrmarktsläufer und die Gutgläubigkeit des Publikums auf die Schippe genommen worden waren:

»Görlitz, 31. Mai [1875]. Für Sonntag hatten ›der Schnell-Läufer *Hi-Ho-Gerscha-Bäcko* aus Hongkong und der Velocipeden-Wettfahrer *Purtzopichlo* aus Lissabon‹ angekündigt, daß sie Nachmittags 3 Uhr ›sich in einer Tour von der Elisabethstraße bis zur Spitze der Landeskrone [dem höchsten Berg der Gegend] in ihren Künsten produciren‹ und ›nachdem sie die Elisabethstraße zwei Mal passirt, ihren Weg über den Postplatz nach der Landeskrone nehmen und die ganze Strecke in 29 Minuten 48 Secunden zurücklegen würden.‹ [N.B. eine ganz unmögliche Leistung, S.O.] Ein wahrer Menschenstrom ergoß sich am Sonntage vom äußersten Ende der Elisabethstraße bis nach Biesnitz und sogar bis zur Landeskrone hinauf. Alle waren gekommen, um den Herrn Purtzopichlo und den Herrn Hi-Ho-Gerscha-Bäcko aus Hongkong in Augenschein zu nehmen. Um 3 Uhr nachmittags erreichte die Spannung des schaulustigen Publikums den Culminationspunkt. Man schwitzte und triefte allerseits vor Aufregung und Maischwüle. Auf einmal hieß es: ›Da kommen sie‹. Die Menschenmauern wankten in ihren Grundfesten und setzten sich mit jener eigenthümlichen Art, die man Drängen, Schieben und Stoßen nennt, in Bewegung und nach der Heftigkeit des Vorschubs konnten die am besten Beschleunigten sich eines Avancements von 5 Fuß rühmen. Die Aufregung stieg – aber Herr Purtzopichlo erschien nicht. Auch Herr Hi-Ho etc. blieb unsichtbar. Einige gutmüthige Seelen äußerten die Befürchtung, daß wahrscheinlich die beiden Herren über Nacht krank geworden seien. Andere prosaischer denkende Menschen sprachen von einer ganz gemeinen Fopperei und wieder andere hielten die ganze Sache für einen gelungenen Scherz, den sich ein lustiger Vogel mit den guten Görlitzern erlaubt habe. Diese Letzteren scheinen Recht zu behalten, denn wie die ›Görl. Nachr.‹ in Erfahrung gebracht haben, war in einem hiesigen Weinrestaurant am Mittwoch eine lustige Gesellschaft beisammen, welche in der zwölften Stunde vor lauter Uebermuth die Resolution faßte, die durch die Versteigerung eines alten Handschuhs gelösten 18 Mark zum Inseriren der bekannten Schnellläufer-Ankündigung zu verwenden. Der Spaß ist geglückt und die Veranstalter desselben lachen sich nun in's Fäustchen.«[24]

Laufen als Kunst

Der technische Fortschritt hatte die Läufer auf den (Jahr-)Markt geworfen, aber unter den hier herrschenden Bedingungen der freien Konkurrenz aller Sensationen hatte sich der einfache Schnellauf vorwärts, einen Fuß vor den anderen, als zu wenig attraktiv erwiesen. Als in den 1820er Jahren die ersten Jahrmarktsläufer auftraten, gehörten die herrschaftlichen Laufer und Galopins noch zum alltäglichen Straßenbild; warum sollte das Publikum

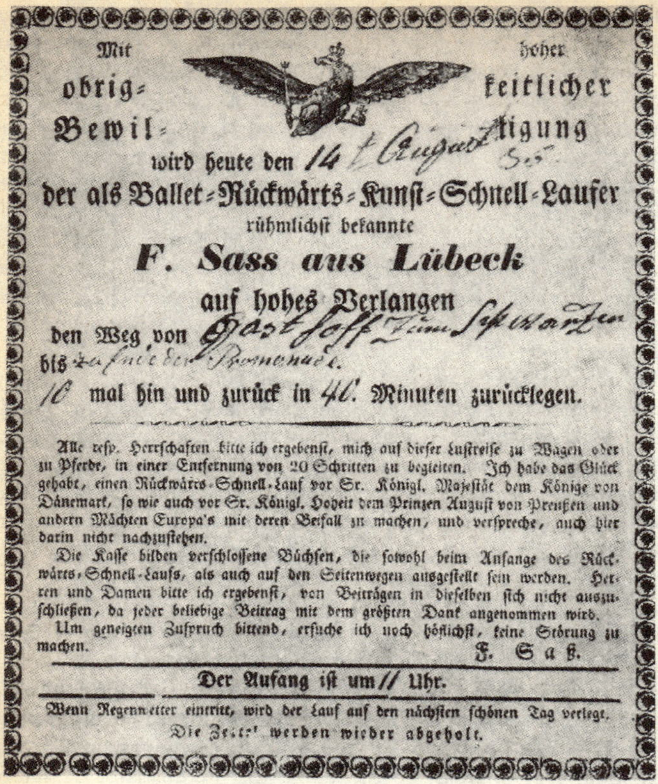

Mit hoher obrigkeitlicher Bewilligung

wird heute den 14t August 56

der als Ballet-Rückwärts-Kunst-Schnell-Laufer

rühmlichst bekannte

F. Sass aus Lübeck

auf hohes Verlangen

den Weg von Gasthoff zum Schwarzen

bis ... der Promenade

10 mal hin und zurück in 40 Minuten zurücklegen.

Alle resp. Herrschaften bitte ich ergebenst, mich auf dieser Lustreise zu Wagen oder zu Pferde, in einer Entfernung von 20 Schritten zu begleiten. Ich habe das Glück gehabt, einen Rückwärts-Schnell-Lauf vor Sr. Königl. Majestät dem Könige von Dänemark, so wie auch vor Sr. Königl. Hoheit dem Prinzen August von Preußen und andern Mächten Europa's mit deren Beifall zu machen, und verspreche, auch hier darin nicht nachzustehen.

Die Kasse bilden verschlossene Büchsen, die sowohl beim Anfange des Rückwärts-Schnell-Laufs, als auch auf den Seitenwegen ausgestellt sein werden. Herren und Damen bitte ich ergebenst, von Beiträgen in dieselben sich nicht auszuschließen, da jeder beliebige Beitrag mit dem größten Dank angenommen wird.

Um geneigten Zuspruch bittend, ersuche ich noch höflichst, keine Störung zu machen.

F. Saß.

Der Anfang ist um 11 Uhr.

Wenn Regenwetter eintritt, wird der Lauf auf den nächsten schönen Tag verlegt.

Die Zettel werden wieder abgeholt.

Handzettel
des Ballet-Rückwärts-Kunst-Schnell-Läufers
F. Sass, 1856

Wie der Text der Ankündigung deutlich macht, konnten die Schauläufer keine festen Eintrittsgelder erheben und waren auf freiwillige Spenden der Zuschauer angewiesen. Daß diese Spenden nicht allzu üppig ausfielen, zeigt der Zusatz: »Die Zettel werden wieder abgeholt«. Dabei kam es weniger auf die Weiterverwendung der Handzettel an, als darauf, eine Gelegenheit zu schaffen, in der man schicklich um ein Trinkgeld bitten konnte.

für etwas zahlen, was es jeden Tag sehen konnte? Die berufliche Fähigkeit des Botenläufers, die darin bestand, eine Nachricht möglichst sicher und schnell an ihren Bestimmungsort zu transportieren, mochte vielleicht den Briefschreiber befriedigen, auf dem Jahrmarkt aber, vor den Augen eines sensationslüsternen Publikums, konnte eine solch simple Leistung nicht bestehen. Es war dem einfachen Laufen vorwärts noch nicht anzusehen, daß es eine »Leistung« war, und worin diese »Leistung« bestand.

Es bot zu wenig Schaueffekt, und die Läufer waren gezwungen, es publikumswirksamer zu gestalten. Und was lag näher, als sich dabei an den Standards und den Leistungen des Jahrmarkts zu orientieren, an den Darbietungen der Gymnastiker, Seiltänzer, Kunstreiter und Akrobaten?

Der Kern jeder Artistik besteht darin, Fähigkeiten und körperliche Geschicklichkeiten, die auch im täglichen Leben und bei der täglichen Arbeit gebraucht werden, zu perfektionieren und durch Schaueffekte zu veredeln: Der Dachdecker balanciert vorsichtig über Firste – der Artist tanzt auf dem Seil, der Schmied muß kräftig sein, jeder Müllerbursche Zentnersäcke schleppen können – der Jahrmarktsathlet aber tritt als Herkules auf, jongliert mit Kanonenkugeln, setzt sich einen Amboß auf die Brust und läßt Steine darauf zertrümmern; jeder Offizier mußte reiten können, jeder Fuhrknecht und jeder Bauer mit Pferden umzugehen verstehen – im Circus aber wurde eine Kunst daraus, und die Pferde tanzten Ballett. Solche Darbietungen waren streng genommen völlig überflüssig und nutzlos. Aber weil die Artistik aus den Fähigkeiten, die die tägliche Arbeit erforderte, entstanden war, fanden die Jahrmarktskünstler gerade beim nichtadligen Publikum, das arbeiten mußte und sich diesen körperlichen Luxus nicht leisten konnte, so zahlreiche und in gewissem Sinne auch fachkundige Zuschauer. Die Artisten potenzierten die zur Lebenserhaltung notwendigen körperlichen Fertigkeiten und trieben ihre Anwendung bis zum Riskanten und Lebensgefährlichen. Was im täglichen Leben deplaziert, weil unökonomische Verschwendung von Arbeitskraft war, wurde auf dem Jahrmarkt zur bestaunten und bewunderten Kunst.

Auf der im Konkret-Sinnlichen bleibenden Transubstantion von schwerer körperlicher Arbeit in (scheinbar) mühelose Leichtigkeit des Leibes basiert die Ästhetik aller Artistik. Und indem sich die ums Überleben kämpfenden Botenläufer den Gesetzen dieser Ästhetik unterwarfen, wurden aus den Läufern von Berufs wegen *Kunstläufer*. Daß ihre Kunst zunächst in so widernatürlichen und scheinbar unsinnigen Produktionen wie dem Rennen rückwärts, in Ritterrüstung und im Walzerschritt bestand, erscheint so, unter den Bedingungen des Jahrmarkts, gar nicht mehr abwegig, sondern konsequent und folgerichtig.

Nur so konnte die durch den technischen Fortschritt obsolet gewordene und verachtete menschliche Fähigkeit, schnell laufen zu können, überdauern, um mehr als 100 Jahre später, unter den Bedingungen der automatisierten, d.h. den Körper vollends stillstellenden (und ihn nicht mehr entlastenden, sondern zerstörenden) Maschinenarbeit als Sport zu neuem Ruhm zu gelangen.

Lebensläufe III

Peter Bajus – »der Prästipediateur am Rhein«

Ein Laufwunder

Peter Bajus (genannt Stolz) stand zwischen 1825 und 1844 als herrschaftlicher Laufer in den Diensten des Großherzogs von Hessen-Darmstadt. Er war ein relativ später Vertreter seines Berufsstandes – und die Ausnahme von der Regel: er war zuerst (allerdings nicht hauptberuflicher) Kunstläufer und trat auf jahrmarkts-ähnlichen Veranstaltungen auf, wurde dann erst, nachdem er hier zu einiger Berühmtheit gelangt war, in den Hofdienst übernommen.

»Unsere Zeit ist die der Wunder«, schrieb der Mainzer *Spiegel* am 8. Februar 1824 über die Entdeckung von Peter Bajus als großem Lauftalent; »bei uns ist wirklich ein Wettlauf geschehen, der einem Wunder so ähnlich sieht, wie ein Ei dem anderen, d.h. einem jener *Wunder*, welche wir am Ende mit den Sinnen fassen, und die sich in bloße *Bewunderung* auflösen. Wir besitzen einen Schnelläufer in Hessen, (ein Tagelöhner von Nauheim, Namens *Stolz*) welcher wirklich, lebte er in London, der Stolz und die Krone aller britschen Wettläufer wäre, und von der Natur mit Kraft und begabt ist, einem englischen Wettrenner nicht nur den Preis abzulaufen, sondern ihn auch kaput zu rennen. Dieser fliegende Mensch ist indessen bei uns wenig bekannt, und bewährt das Sprüchwort: Es gilt kein Prophet in seinem Vaterlande.«[25]

Das sollte sich bald ändern. Wenige Wochen später war in den »Korrespondenz-Nachrichten« des in ganz Deutschland gelesenen *Morgenblatts für gebildete Stände* folgender Bericht zu lesen:

»Frankfurt a.M., 1. März. Großes Aufsehen machte bey uns dieser Tagen ein Schnelläufer, *Peter Bajus*, genannt *Stolz*, von welchem die Kunde durch die Zeitungen schnell verbreitet worden, und auch in Paris große Sensation gemacht hat, wo sie ihn *Le Fiér* nennen. Vor sechs bis acht Wochen erst ward seine Geschicklichkeit in Mainz berühmt; bis dahin hatte er sich in Nauheim bey Großgera im Großherzogtum Hessen, seinem Geburtsorte, als Tagelöhner und Botengänger sein Brod verdient. [...] – Der Anfang seiner Celebrität wird etwas verschieden erzählt, doch von den meisten dahin einstimmig, daß er in ein Wirthshaus bestellt ward, um einen Botengangnach einem drey Viertelstunde entfernten Ort und zurück zu thun; daß sich der Absender darauf zu einem kleinen Frühstücke niedergesezt habe; ehe er noch fertig gewesen, sey Peter Bajus wieder hereingetreten, der Mann habe ihn über seine Saumseligkeit zu Rede gestellt, er habe keine Zeit zu verlieren und solle sich gleich auf den Weg machen. Peter Bajus habe darauf zur großen Verwunderung der Anwesenden die Vollendung seines Auftrags durch einige Zeilen schriftlicher Antwort dargethan.«[26]

Geboren wurde Peter Bajus als Sohn des Landkrämers am 13. Juni 1795 in Groß-Gerau. »[Er ist] groß 6 Schuh 2 Zoll 3 Striche. Er ist schlank, im Gesichte etwas mager, stark von Knochen und Sehnen, er hat einen Kopf etwas kleiner als ein Achtel seiner Größe, eine hohle Brust, gut geschweifte Beine, etwas vorstehende Ohren, starke Hände und Füße. Nie war er krank, er ist weder ein starker Esser noch Trinker, er ist phlegmatischer Natur, bei den ungeheuersten Anstrengungen wird er bleich im Gesicht, aber nicht sehr warm; nie hat er, auch gegen den Windstrom anfliegend, Brustbeklemmungen und Seitenstechen bekommen. Schon als Knabe war er unter seinen Kameraden der stärkste im Tragen, im Laufen. Bis in das fünfzehnte Jahr war er im Elternhaus; nach seines Vaters Tode (1809) hielt er sich noch kurze Zeit bei seiner Mutter auf, kam darauf nach Merfeld in Knechtsdienste, wo er die Branntweinbrennerei lernte, hierauf diente er drei Jahre lang als Branntweinbrenner [...]. [Er] arbeitete bis jetzt bei den Juden in

Nauheim als Tagelöhner, welche seine seltenen Körperkräfte auf eine schlaue Art benutzten. Er trägt zwei Zentner eine halbe Stunde lang, ohne auszuruhen, 3 Zentner trägt er eine Viertelstunde weit; auf einem einrädrigen Schubkarren bringt er auf kotigen Wegen 6 Zentner fort. Ohne besondere Anstrengung läuft er in 18 Minuten eine Stunde [d.h. eine Wegstrecke, die üblicherweise in einer Stunde zurückgelegt wurde], wobei er, über die Kräfte des besten englischen Renners weit hinaus, es aushält, 12 Stunden eines Zuges fortzulaufen.«[27]

Wie aus den Kirchenbüchern hervorgeht, in denen Bajus die Geburt seiner Kinder jeweils mit drei Kreuzen bescheinigt, war er Analphabet. Insgesamt scheint er nicht besonders helle gewesen zu sein, was häufig ausgenutzt wurde. Die *Didaskalia* vom 18. Februar 1824 berichtet z.B. folgenden Fall:

»So wurde er einst aufgefordert, ein Umlaufschreiben nach zwölf verschiedenen Orten zu tragen, wofür man ihm 45 Kreuzer zusicherte. Allein so schlicht der Verstand des Peter Bajus ist, so fühlte er doch, daß diese Bezahlung allzu gering sei. Er unternahm aber dennoch diesen außerordentlichen Gang, der einundzwanzig Stunden betrug, für die Bezahlung von *einem* Gulden.«[28]

Einmal bekannt geworden, genoß Peter Bajus bei seinen Zeitgenossen eine außerordentliche Berühmt-, ja Beliebtheit. Er wurde »Prästipediateur«, »merkwürdigster Schnellfüßler unserer Zeit« tituliert; die Zeitungen berichteten mehrfach und ausführlich über seine Person und seine läuferischen Heldentaten; sein »Bildniß nebst Beschreibung« war »für 2 kr. zu haben«;[29] ein Frankfurter Zuckerbäcker machte gute Geschäfte mit dem Verkauf einer Peter-Bajus-Figur aus Mandelbrot: »für 1 fl. 12 kr. Peter Bajus der Schnellfüßler, nach dem Wettlauf von Frankfurt nach Höchst in laufender Stellung dargestellt von der feinsten Brendenmasse«.[30]

Große Wettläufe

In der Folge wurde Bajus (nach Wiener Vorbild) mehrfach zu großen Wettläufen aufgefordert – wie es scheint, von geschäftstüchtigen ›Freunden‹, die an diesen Veranstaltungen mehr verdienten, als er selbst. So wettete ein Metzger namens Sattig um 200 Gulden, daß Bajus in sehr kurzer Zeit von Mainz nach Darmstadt und von

Peter Bajus, der »Prästipediateur (Schnellfüßler)«
Lithographie (1824)

»[Er ist] groß 6 Schuh 2 Zoll 3 Striche. Er ist schlank, im Gesichte etwas mager, stark von Knochen und Sehnen, er hat einen Kopf etwas kleiner als ein Achtel seiner Größe, eine hohle Brust, gut geschweifte Beine, etwas vorstehende Ohren, starke Hände und Füße. Nie war er krank, er ist weder ein starker Esser noch Trinker, er ist phlegmatischer Natur, bei den ungeheuersten Anstrengungen wird er bleich im Gesicht, aber nicht sehr warm; nie hat er, auch gegen den Windstrom anfliegend, Brustbeklemmungen und Seitenstechen bekommen. – Sein Bildnis ist hier nach der Natur, jedoch in seiner gewöhnlichen Stellung des Schnellganges, und in seiner täglichen Kleidung, nicht in der Läufertracht, die er bei seinem [...] Schnellauf trug.«

Didascalia, Frankfurt/Main (1824)

da nach Frankfurt und wieder zurück laufen werde; Bajus gewann für ihn die Wette, und war noch vor der ausgemachten Zeit am Ziel.

Von einer anderen Wette berichtet *Der Spiegel* vom 25. Januar 1824: »Am 18. Jänner hat sich in Kassel in einem Wirtshause eine Wette auf diesen Stolz [i.e. Bajus] gemacht, er liefe in fünf und drei Viertelstunden nach Frankfurt a.M. und wieder zurück. Von Frankfurt mußte er eine echte gesiegelte Bescheinigung von Herrn F. Dúpre, Zöllner am Bockenheimer Tor, mit Anzeige der Zeit seiner dortigen Ankunft wieder nach Kassel mitbringen, und ein unparteiischer Mann versiegelte die Uhr, nach welcher die Sache gerichtet werde. Fünfzehn Minuten nach neun Uhr vormittags ging Stolz von Kassel ab, und in fünf Stunden und fünfundvierzig Minuten präzis drei Uhr war er in Kassel zurück mit dem Zeugnis des Herrn Zöllners von Frankfurt, daß er halb zwölf dort angelangt war, wobei noch der Verhalt unterwegs von einer Viertelstunde bemerkt werden muß; ferner, daß er solange ohne alle Nahrung blieb; endlich, daß ihm die geflickten alten Socken schon in Hochheim in Lappen abgefallen waren, nachdem er die alten zerlöcherten Schuhe weggeworfen hatte.«[31]

Mit »Kassel« ist natürlich Mainz-Kastel gemeint, nicht Kassel in Nordhessen (damals »Cassel« geschrieben); von dort nach Frankfurt wären es nämlich rund 180 km, wozu schon der D-Zug mehr als zwei Stunden braucht.

Von einem Schnellauf in Frankfurt berichtet die *Didaskalia* in ihrer Nr. 49 unterm 18. Februar 1824:

»Schlag zwei Uhr nachmittags [am 15. Februar] setzte er sich vor dem nahe am Allerheiligentore liegenden Schützenhause in Gang. Schon bei dem Austreten aus dem Hause setzte sich ihm die wogende Menschenmenge störend entgegen; allein Peter Bajus übersprang die hohe Gartenhecke und verfolgte seinen Gang auf dem Trottoir neben der Chaussee durch die zahllosen Zuschauer, die sich von den Seiten, in der Fronte und im Rücken zudrängten. Trotz diesen Störungen langte er fünf Minuten vor drei in Hanau an. Am Zollhause empfing er eine Bescheinigung über seine Ankunft, trank ein einziges Glas Wein und drehte sich um, um seinen Rückgang zu beginnen. Allein die halbe Bevölkerung von Hanau war hier versammelt, er mußte sich durchdrängen und konnte nur langsam voranschreiten. Gleiche Hindernisse traf er in dem Dorf Dörnigheim an. Die Bauern dieses Dorfes und die Jugend wollte ihm schlechterdings nicht ausweichen, und mancher von den Jungen wurde von Bajus ergriffen und aus dem Wege geschleudert. Er war genötigt, den Weg um das Dorf durch tiefen Kot zu machen. Als er am Hanauer Chausseehause, der sogenannten Mainkur, ankam, fand er die Menschenmenge, die unterdessen noch aus hiesiger Stadt [Frankfurt] zugeströmt war, noch um vieles vergrößert, und nur mit Mühe konnte er sich durcharbeiten. Allein trotz aller dieser Hindernisse traf er fünfzehn Minuten nach vier Uhr wieder im Schützenhause ein, sodaß er also einen Weg von acht Poststunden in zwei Stunden zehn Minuten bei überaus schlechtem Wege zurücklegte. Sehr zweckmäßig war es, daß eine Gesellschaft ihm eine ausgezeichnete Kleidung anlegen ließ, sonst würde er unter der Volksmenge nicht zu erkennen gewesen sein.«[32]

»Der Musen jüngstes Kind«

Nicht nur zahlreiche Zeitungsartikel berichteten über die Schnell- und Distanzläufe des Peter Bajus, auch in Gedichten wurden seine Heldentaten mehrfach verherrlicht. Zwei davon seien vollständig zitiert; im ersten wird von der einzigen Niederlage berichtet, die Bajus während seiner Laufbahn hinnehmen mußte:

> *Der besiegte Bajus*
> Daß, wie so groß ein Künstler immer ist,
> er wieder seinen Meister findet,
> dies alte Sprichwort hat zu dieser Frist
> an Bajus sich aufs neue wahr begründet.
> Ihm, dessen Ruhm ob seiner Schnelligkeit,
> womit er in unglaublich kurzer Zeit
> so weite Räume leicht durchschreitet,
> sich in Europa schon verbreitet;
> den man so gar schon zweimal konterfeit,
> des Gleichen sich selbst nicht in Engeland
> noch minder, der ihn übertroffen, fand,
> ihm hat – so leicht ist Künstlerruhm zerronnen! —
> ein Mensch, den keine Zeitung noch genannt,
> den Preis im Laufen abgewonnen.
> Wie sich dies wicht'ge Faktum zugetragen.
> laßt euch von mir in wenig Worten sagen.—

Zu *Frankfurt* an dem Affentor
kam jüngst der Läufer Matador
von *Darmstadt* aus laut gültigem Beleg
vor *eins* in hundertfünf Minuten an;
man weiß, sechs Stunden Wegs beträgt die Bahn.
Nach zwei macht' er zurück sich auf den Weg;
und hatte man zwar gleiche Schnelligkeit
zur Heimkehr diesmal nicht bedungen,
so kam er dennoch in weit kürzrer Zeit,
als tausend andere zu brauchen pflegen,
um diesen Weg zurückzulegen –
noch hatte nicht die Glocke fünf geklungen –
nicht fern vom Ziele seiner heut'gen Bahn
(die man wohl nur bei unserm Ehrenmann
im strengsten Sinne *Laufbahn* nennen kann)
schon diesseits Allerheil'gen [Arheilgen] an.
Von vielen, die die Neugier spornte, ward
Held *Bajus* auf der Chaussee hier erharrt.
Keck fordert auf den Rest des Weges nun,
der höchstens eine Viertelmeil beträgt,
ein Nebenbuhler ihn heraus,
noch einen Wettlauf bis zur Stadt zu tun.
Und *Bajus*, aufgereizt im *point d'honneur*
wiewohl seit elf des Morgends er
des Wegs schon nahe an zwölf Stunden
in weniger als fünf zurückgelegt,
besteht doch kühn den angebotnen Strauß,
doch ach, er ward vom Fordrer überwunden;
denn dieser war am Ziel, dem Tor,
Herrn *Bajus* wohl zweihundert Schritte vor.
Ob übrigens der junge Fant,
der so den wackren *Bajus* überwand,
wohl gleichfalls schon denselben Tag
solch eine Strecke Weges weit
in einer solchen kurzen Zeit
wie Bajus abgelaufen haben mag ??? –[33]

Der Autor eines anderen Gedichts zeigt – bedenkt man die Entwicklung der nächsten 100 Jahre –, einen erstaunlich prophetischen Blick in Bezug auf die Wertschätzung derartiger Talente:

Lobgesang des berühmten teutschen Schnellläufers Peter Bajus

Seht, Brüder, Schwestern! Seht den Mann,
Den Helden unsrer Tage;
Bedarf es einer Frage,
Ob je ein Mensch mehr werden kann?
Er überläuft das schnellste Pferd
Und steht darum in höherm Wert.

Kommt, Alt und Jung, die Zeit verstreicht,
Mit ihr der schnelle Läufer,
Geratet nicht in Eifer;
Wenn er sein Ziel auch nicht erreicht,
Wer würde so verschlagen sein,
Ihm nicht den verdienten Weihrauch streun?

Fort mit dem eitlen Kling und Klang! —
Weg mit der Dichterkrone! –
Fort mit dem Heldensohne! –
Sie machen oft die Zeit uns lang.
Doch er, der Musen jüngstes Kind,
Erringt den Lorbeer sich geschwind.

O Bajus, edler teutscher Mann!
Ich leg zu deinen Füßen
Mein herzliches Ergießen:
Es schwingt mein Geist sich hoch hinan,
Um trotz den schnellen Winden
Dein Dasein zu begründen.

Was will die arme Lumpenbrut
Von Künstlern und Poeten? –
Sie winden sich in Nöten:
Trotz ihrem heißen, raschen Blut.
Sehr hier! – Und lernet, wie der Fuß
Die neue Welt ergötzen muß.

Der Nerven Kraft ist Majestät! –
Die Hoheit geben Beine! –

Begreifet, was ich meine!
Den Geist – die arme Zeit verweht;
Doch Tollheit münzt Dukaten,
Laßt euch zum Besten raten.

Geh, armer Wicht, mit deinem Kram,
Von leichter Geisteswaare;
Es folget Deiner Bahre
Vielleicht dereinst ein dummes Lamm,
Das, so wie du, geflohn die Welt,
Weil's ihm gefehlt an Trug und Geld.

Hoch preis den Helden mein Gedicht,
In Liedern sei besungen
Der Mann, dem es gelungen,
Zu treten an des Tages Licht,
Wo seine Kunst man hoch verehrt
Und anerkennet seinen Wert.

Ihm huldige die ganze Zunft
Der edlen Zeitgenossen;
Wo's hoch und tief ersprossen;
Verstecke dich, du Tor – Vernunft! –
Vor unsrer zehnten Muse Sohn:
Er spricht der Weisheit laufend Hohn.

Ihn kränzet mit dem Eichenlaub,
Dem Lorbeer und der Myrte:
Er ist des Lebens Hirte;
Durchwatet er auch Kot und Staub,
So bleib er dennoch hochgeehrt;
Denn er ist schneller als das Pferd.[34]

Die Anspielung, daß Bajus die Krone der Menschheit gebühre, weil er schneller als ein Pferd sei, bezog sich auf ein tatsächlich stattgefundenes Rennen zwischen dem Läufer und einem Rennpferd. Durch die Zeitungsberichte auf den neuen Volkshelden aufmerksam geworden, beschied der in Darmstadt residierende Großherzog Ludewig I. Bajus zu sich und schlug ihm ein Wettrennen von Darmstadt nach Jugenheim a.d.B. und zurück »mit dem schnellsten Rosse im Großherzoglichen Marstall« vor. Bajus habe sich die Hüften eng geschnürt und sei in großen Sprüngen und Sätzen gelaufen – und Sieger geblieben. So von den Leistungen des ehemaligen Branntweinbrennergehilfen überzeugt, nahm der Herzog Peter Bajus in den Dienst, und übertrug ihm eine gutbesoldete Hoflauferstelle. Da ihm von nun an offenbar verboten war, Schauläufe zu absolvieren, wurde Bajus der öffentlichen Verehrung durch das Publikum und die Zeitungen entzogen; lange Zeit jedenfalls liest man nichts mehr von ihm. Daß er weiterhin, zumindest in Darmstadt, eine bekannte Persönlichkeit blieb, geht aus den Memoiren von Wilhelm Hamm (geb. 1820 in Darmstadt) hervor, der sich noch 1881 an ihn erinnerte: »Der berühmte Schnellläufer Bajus [...], ein Meister seiner Kunst, vor vielen Potentaten, hohem Adel und verehrungswürdigem Publikum, dann in die Dienste des ersten Großherzogs aufgenommen [...]. Dem Bajus, einem durchtriebenen Halunken, sagte man nach, ihm sei als Kind die Milz ausgeschnitten worden, deshalb könne er so gut laufen; er war allerdings eine unübertroffene Spezialität in seiner Kunst und gehörte zu den jedem Kinde bekannten Stadtfiguren«.[35]

Mißglücktes Comeback

Peter Bajus blieb rund 20 Jahre lang fürstlicher Vorläufer; in dieser Zeit bildete er seinen ältesten Sohn Johannes (*1816, †31. Juli 1873) zum Läufer aus, der dann im Hofdienst in seine Fußstapfen trat. Um 1844 nahm er seinen Abschied, um es noch einmal als freier »Kunstläufer« zu probieren, offenbar mit wenig Erfolg. Die Konkurrenz der jüngeren Jahrmarktsläufer war inzwischen zu groß geworden:

»Peter Bajus ist neulich [heißt es 1844 im *Hessischen Hausfreund*] hinkend von Worms hierher [nach Darmstadt] zurückgekehrt, nachdem er den Weg dorthin in sehr kurzer Zeit zurückgelegt und in der Nähe der Stadt sich den Fuß verrenkt hatte. Derselbe ist bei seiner robusten Körperstärke immer noch imstande drei geographische Meilen in zwei Stunden zurückzulegen.« [Worauf das Blatt ausrechnet, daß Bajus bei einer] ununterbrochenen Fußreise um die Erde [rund 150 Tage brauchen würde, um an seinen Ausgangspunkt zurück zu gelangen].«[36]

1824, gleich nachdem Bajus zu erster Berühmtheit gelangt war, schrieb der *Spiegel*: »Dieser fliegende Mensch will eine Wette eingehen, in vier Tagen nach Paris und wieder zurück zu lauffen; es wäre für die Anthropologie eine Merkwürdigkeit sonder Gleichen, würde diese Wette gemacht und von dem Renner gewonnen.«[37] – Dazu ist es nie gekommen (die Zeitungen jedenfalls berichten nichts darüber), Peter Bajus klebte allzu sehr an der heimatlichen Scholle und außerdem winkte als Hoflakai ein sicheres Einkommen. Auch jetzt, nachdem er den Hofdienst quittiert hatte, wagte er sich mit seinen Schau- und Wettläufen nicht über das Rhein-Maingebiet heraus: »Peter Bajus minder ehrgeizig als Mensen *Ernst* aus Norwegen, ist bei Ausübung seiner Kunst zwischen Rhein und Main geblieben, während dieser nicht nur ganz Europa, sondern auch einen großen Teil von Asien zu seinem Schauplatze seiner unermeßlichen Schnelläufe machte. [...] *Göhrig* von Langen, ein zweiter vaterländischer Schnelläufer, hat sich vor längerer Zeit in den Ebenen von Rußland verlaufen, ohne daß man bis jetzt wüßte, ob er unter die Kosaken, Kirgisen, Baschkiren oder Mongolen geraten und unter den Zelten ihrer luftigen Steppen ansässig geworden ist.«[38]

Nach einigen weiteren fruchtlosen Versuchen, auf dem »freien Jahrmarkt« wieder Fuß zu fassen, ging Bajus wieder in den Hofdienst zurück. Bis 1856 lebte Bajus in Darmstadt. Dann erst, 60jährig und fast am Ende seiner Lebensbahn, wagte er den Sprung in die weite Welt: er wanderte, zusammen mit seiner Frau und einem Teil seiner zahlreichen Nachkommen, nach Amerika aus. Dort verliert sich seine Spur.

Lebensläufe IV
Der unaufhaltsame Mensen Ernst

Der wohl erstaunlichste Schnell-Läufer, nicht nur des 19. Jahrhunderts, sondern aller Zeiten, dürfte wohl der Norweger Mensen Ernst gewesen sein, denn er machte (wie es in einem zeitgenössischen Bericht hieß), »nicht nur ganz Europa, sondern auch einen großen Teil von Asien zum Schauplatze seiner unermeßlichen Schnelläufe«.[39]

Der unaufhaltsame Mensen Ernst
Lithographie (1837)

»Er ist der wahre Peter Schlehmihl, als hätte das Leben dem Dichter gesessen. [...] Dieses Rennen durch die Welt erinnert an das rastlose Vorwärtsstürzen der Thiere, denen gewisse Theile des Gehirns genommen werden, so daß nun der ewige Trieb der Bewegung kein Gleichgewicht, keine Haltung mehr findet.
Allgemeine Theaterzeitung, Wien 1842

Eine umfangreiche, mehr als vierhundert Seiten starke Biographie dieses Wunderläufers erschien 1741 in Breslau: *Mensen Ernst's Leben, See- und Land- und Schnellreisen in allen fünf Welttheilen. Nach mündlichen und schriftlichen Ueberlieferungen herausgegeben von Gustav Rieck* [...]. *Mit Ernst's Bildnis.*[40] Schon der umständliche Titel, der verdächtig an die *Wunderbaren Reisen zu Wasser und zu Lande ... des Freiherrn von Münchhausen* erinnert, macht mißtrauisch. Die darin geschilderten fabelhaften Laufleistungen Ernsts erscheinen so unglaublich, daß man das ganze für einen ausgemachten Humbug halten könnte – wenn sich nicht eine ganze Reihe von Fakten durch andere Quellen bestätigt fänden. Trotzdem fühlt man sich beim Lesen dieser (übrigens eher trocken aufzählenden als farbig schildernden) Biographie immer wieder an die Redensart »ein Laufer und ein Lügner« erinnert. Daß Mensen Ernst – ohne Anmeldung von Zweifeln – auch in der Norwegischen Nationalbibliographie und im Guinness-Buch der Rekorde aufgeführt wird, beruhigt nicht ganz.

Nach der oben genannten Biographie[41] wurde Mensen Ernst am 19. Oktober 1799 in Bergen als Sohn eines Schiffskapitäns geboren. Klein, aber kräftig gebaut, war er schon als Kind ein guter Läufer, Stelzengeher, Skifahrer und Schwimmer. Fünf Jahre lang besuchte er eine Seemannsschule, dann ging er, nach dem Vorbild seines Vaters, zur See. Er fuhr auf allen Sieben Meeren, zunächst als Schiffsjunge, dann als Matrose und Untersteuermann. Auf dem englischen Linienschiff Bukarest nahm er an der Seeschlacht von Navarin teil. Von seinen (hier nicht weiter interessierenden) Seereisen und Abenteuern auf fünf Kontinenten handeln mehr als drei Fünftel des genannten Buches.

Sein erstaunliches Lauftalent, das ihn in ganz Europa berühmt machen sollte, entdeckte er relativ spät und zufällig. Zwar hatte er schon während einer seiner Ostindienfahrten in Kapstadt Neger-Wettläufe gesehen und sich zum Scherz auch daran beteiligt. Aber erst als er 1819 in London abgemustert hatte, kam er in Kontakt mit dem dort – früher als auf dem Kontinent – in Mode gekommenen Schau-Wettrennen und beschloß, selbst Läufer zu werden. Er (bzw. sein in der Ich-Form schreibender Biograph) berichtet darüber:

»Wie nun England, und namentlich das reiche London mit seinen oft barocken Wetten, so Mancherlei hervorgebracht hat, was in anderen Staaten und Städten, so unnütz es ursprünglich hier erscheint, doch immer mehr Nachahmung findet, als zum Exempel die Ziel-Rennen mit Pferden etc., so entstand durch mehrere Wetten, die ich in London während meiner Ruhezeit als Untersteuermann entrirte, und stets gewann, der wohl sehr nahe liegende Entschluß: vorläufig dem Seedienste zu entsagen, und dafür schnelle Landreisen je weiter je lieber, mit Wetten und Aufträgen verbunden, zu unternehmen. Die ganz unbezwingliche Lust zum Reisen, wo möglich nach und nach die meisten Länder unserer Erde, nicht nur, wie bisher, an den Rändern gegen die See hin, sondern durchaus kennen zu lernen, ließ mich also einen Beruf wählen, der, wie wenig hergebracht und nützlich er auch den Meisten erscheinen mag, mir doch große Ehren und große Einkünfte verschafft hat. [...] So kam es denn zuerst in London, daß ich auf einem Wettgange nach Portsmouth, 72 englische Meilen [rd. 116 km] in 9 Stunden, ferner von London nach Liverpool, 150 enlische Meilen [rd. 240 km] in 32 Stunden, durch beide Siege eine gewisse Berühmtheit erlangte, welche die wettlustigen Engländer in Massen um mich drängte. Dabei befand ich mich körperlich so wohl, wie fast nie, ich verspürte trotz so ungewöhnlicher Anstrengungen weder Müdigkeit noch Milzbeschwerden, und hatte dabei den trefflichsten Appetit besonders leider zum – Trinken. [Zeit Lebens blieb Ernst ein höchst mäßiger Esser, sprach aber immer mehr dem Alkohol zu.] Mehrere Schnellreisen machte ich als Depeschen-Überbringer. Eine zum Exempel auch von London nach Dover am Kanal. Die Entfernung beträgt 72 englische Meilen [ca. 120 km].«

In der, wie sich zeigen sollte, zutreffenden Annahme bestärkt, daß sich vom Laufen gut leben ließe, durchreiste Mensen Ernst in den nächsten 10 Jahren zu Fuß und im Geschwindschritt ganz Europa: Dänemark, Deutschland, Niederlande, Frankreich, Spanien, Portugal, die Schweiz, Italien, Sizilien. Immer dann, wenn ihm das Geld auszugehen drohte, veranstaltete er einen Schaulauf, nicht nur in großen Städten, wie z.B. im Februar 1826 in Kopenhagen (wo er nicht weniger als 1500 Taler einnimmt), sondern, wenn es sich ergab, auch in kleineren Städtchen am Rande seiner Reiseroute: In einer Anzeige des in Marburg an der Lahn erscheinenden *Oberhessischen Provinzial-Wochenblatt*s vom August 1832 war zu lesen:

»Mit obrigkeitlicher Bewilligung
wird Unterzeichneter die Ehre haben, künftigen Sonntag den 26. August, Nachmittags um 3 ½ Uhr in einem *Schnell-Lauf auf Stelzen* seine Kunst zu zeigen, und zwar dergestalt, daß er den Weg vom Barfüßer Thor bis zum Schützenpfuhl zweimal hin und her auf Stelzen und einmal hin und her zu Fuße in 38 Minuten zurücklegen wird. Da diese Kunst noch nie hier gezeigt worden ist, und dieselbe mit Bewunderung von ihm ausgeführt werden wird, so bittet er um geneigten Zuspruch. *Ernst*, aus Norwegen.«[42]

Von Paris nach Moskau in 14 Tagen

Als Mensen Ernst im August 1832 in Marburg – man muß sagen: *vorbei* – kam, befand er sich gerade auf dem Rückweg seiner ersten, »großen Eil-Reise von Paris nach Moskau«. Anfang des Jahres 1832 hatte er in Paris auf dem Marsfeld einige kleinere Schauläufe absolviert, die ihm die Bekanntschaft einiger wohlhabender Franzosen und Engländer einbrachten. Sie überredeten ihn, einen ganz großen und spektakulären Wettlauf zu veranstalten: von Paris nach Moskau in 15 Tagen!

»Man wird mich nicht der Ruhmredigkeit beschuldigen, wenn ich anführe, daß ganz Paris jetzt von mir sprach, und, – Alles darüber in Vergessenheit gerieth, wenn in den Salons, auf den Plätzen, Straßen, in den Kaffeehäusern von meiner beabsichtigten Eil-Reise nach Moskwa die Rede war. [...] So war es denn auch möglich, daß eine große Partheien-Wette um das Pretium von 100000 Franks entstehen konnte, bei welcher die höchsten Personen, Männer aus vielen Nationen, besonders viel Engländer auf Seite meiner, im Einsatze standen.« Mensen Ernst werden 4000 Francs für den Lauf versprochen, von denen er Teilbeträge auf den Stationen unterwegs nach Bedarf abheben kann.

»Kaum graute der Morgen des 11ten Juni 1832, so war ich zur Abreise gerüstet. Frohen Muthes, und nicht ohne Zeugen legte ich meinen Leinenmantel, ohne Weste, und einen festen Gurt um den Leib an [...] und begab mich [...] im schon gesammelten Menschenandrange, auf den Vendome-Platz, wo ich mich an der Säule Napoleon's aufstellte, und woselbst mich auch die Deputation und Mitglieder der Wett-Societät sogleich in Empfang nahmen, mir unverzüglich meine Papiere nach Moskwa mit dem Glokkenschlag 4 Uhr vollends dekretirten, und im Portefeuille, unter lauten Glückwünschen zur Reise, übergaben.

Es hatte sich auf dem Vendome-Platz und in allen Straßen, die ich bis an die Barriere nach Meaux zu durchschreiten hatte, eine so ungeheure Masse Begieriger mich Abreisen zu sehen, eingefunden, daß die beorderten Gens'darmen ihre Noth hatten, mir Platz zu machen.«

In seiner eigentümlichen Gangart, einem von ihm entwickelten »leichten Sprungschritt«, bei dem er pro Sprung zwischen 1,50 – 2 m zurücklegen konnte, eilte er in möglichst gerader Linie querfeldein vorwärts, die Straßenkrümmungen abkürzend, »besonders aber die Städte vermeiden[d], weil dort immer Zeitverlust zu fürchten stand.«

»Hier bemerke ich in voraus, weil ich nicht mehr Zeit dazu haben dürfte, daß ich auf der ganzen Reise, vielleicht nicht fünf Pfund Fleisch und keine warmen Speisen genossen habe, welche überhaupt nie von meinem Geschmack gewesen sind. Eigentliche Nachtquartiere werde ich auch nicht anzuführen haben, indem meistens, nach obigem Grundsatze: Städte besonders zu meiden, ich meist auf Gottes freier Erde, im abkühlenden, mich sehr stärkenden Taue der Nacht geruht habe. [...] Rumm mußte ich jedoch stets in Vorrath bei mir haben, und eine Semmel. Beides erhielt mich leicht und kräftig, die frische immer aufgebettete Lagerstatt aber, unsere zärtlichste Mutter-Erde, hat mich in wenigen Stunden immer schnell auf sich ausruhen lassen, wofür ich ihr – so dankbar ist der Mensch! die Fußsohlen nur flüchtig zeigte. – Ich bin überzeugt laut der Beschaffenheit meiner Körperkonstitution, die ich doch mit allen gesunden Menschen überein habe, daß, hätte ich nur einziges Mal auf all' meinen Schnell-Reisen im Bett geschlafen, ich gewiß Zeitverlust und viel Spannkraft oder Elasticität meiner ansich sehr kurzen Schrittwerkzeuge zu gegenwärtigen hatte. Die Ärzte sagen freilich, und besonders die Pariser, man solle nicht auf bloßer Erde, am wenigsten im Thau der Nacht schlafen, weil das höchst nachtheilig für die Gesundheit sein muß. Ich denke so: Gott, der alle Dinge am besten kenne muß, weil er sie machte, hat uns ursprünglich keine weiche Betten miterschaffen, wohl aber den weichen Rasen, und ich halte es gerathen, Gott auch für den allergrößten Arzt des Körpers, wie auch der darin hangenden Seele anzusehen.«

Über Verdun, Saarbrücken, Frankfurt/Main, Fulda, Eisenach, Erfurt, Jena, Chemnitz, Pirna, dann quer durch Galizien ging der Lauf. Von einer Beobachtungsstation des optischen Telegrafen zur anderen wurde sein Vorwärtskommen nach Paris zurück gemeldet; ein Betrug war nicht möglich. Am 19. Juni passierte Mensen Ernst »die russische Gränze, bis zu welcher ich also 8 Tage unter Weges von Paris war, und bei fortdauerndem Wohlsein und gutem Wetter meine Wette noch zu gewinnen, die größte Hoffnung hatte. Eben dies Gefühl, mein Wort zu halten, stachelte meine Kräfte in der Art, daß mir dieser außerordentlich anhaltende rasche Lauf fast von Tag zu Tag leichter wurde, und meine Stückchen wie mein Athem mich nicht verließen.« Das einzige, was ihm gelegentlich Kummer machte, waren die Wölfe – und »eine gute Flasche Wein oder Rumm«, was beides in Rußland nur für teuer Geld zu haben war.

»Überall, wo man mich so rasend rasch ausschreiten, so eilen sah, konnten sich [die guten Leute] nicht genug wundern; ja es kam vor, daß man sich in gewissen Gegenden vor meiner Flüchtigkeit gefürchtet hat. Freilich war noch Manchem ein solcher Reisender nicht begenet, und bald hieß man mich einen Sonderling, – einen Närrischen, oder wohl gar vom T – fl besessen. Ich kehrte mich an Niemand, denn ich hatte jetzt für Niemand Zeit zur Explikation.«

Am 25. Juni, 10 Uhr morgens traf Mensen Ernst, einen ganzen Tag vor der gewetteten Zeit, in Moskau ein, und ließ sich beim Kommandanten des Kreml melden. Wegen seines abgerissenen Äußeren – »mehr einem Bettler, als einem Kurier ähnlich« – wollten ihn die Wachposten zunächst nicht vorlassen. Dann aber wurde er von den begeisterten Russen stürmisch gefeiert. Die obligatorischen Trinkgelage gefielen ihm; allerdings konnte er an ihnen nur stehend und gehend teilnehmen, »denn ich konnte mich, ob ich gleich an 350 deutsche Meilen in 2 Wochen hinter meinen Fersen gelassen hatte, nicht entschließen, lange auf dem elastischen Sopha zu sitzen.«

Die Eilstaffette von reitenden Boten, die umgehend Richtung Paris entsandt wurde, um das Wett-Comitee von der genauen Zeit des Schnelläufers zu benachrichtigen, brauchte bis zur ersten Station des optischen Telegrafen, den man in Rußland noch nicht kannte, fast doppelt so lange als Mensen Ernst. Dies waren die Zeiten seiner Geschwindreise, die nach Paris signalisiert wurden:

»Abgang: 11ten Juni Morgens 10 Minuten nach 4 Uhr vom Vendome-Platz. 1832.
Ankunft: in Moskwa am großen Portale des Kreml, 25sten Juni Morgens 10 Uhr. 1832.
In 13 ½ Tag = 352 deutschen Meilen [2640 km], à Tag 25 – 26 Meilen [187,5 – 195 km].«

Nur ein paar Tage gönnte er sich Ruhe, besichtigte Moskau und dann St. Petersburg. Nach einem Abstecher nach Schweden (wo er aber wegen der Cholera gleich wieder umdreht) und ein paar Schauläufen entlang der Reiseroute, kehrte er, teils mit der Kutsche fahrend, meist aber zu Fuß laufend drei Monate nach seiner Abreise von Paris wieder in die französische Hauptstadt zurück, wo man ihn ebenso begeistert feierte: »Vive le Cureur de l'Europe, Mensen Ernst«. Die 3800 Francs, die er nach Abzug seiner Unkosten, von dem Wettlauf nach Moskau übrigbehielt, waren rasch verschwendet; ein guter Teil wurde vertrunken, den größeren Teil aber verschenkte er. Was ihm Ärger mit seinem ›Manager‹ und Hauswirt einbringt, »weil ich die Humanität wie das Laufen in's Unendlich Närrische triebe, und er nicht zugeben könne, daß ich aus seinem Hause mein ganzes schönes, sauer erworbenes Fersengeld auf die Straße werfe, oder liederlichem Gesindel das Faulenzen bezahle. Solche Eingriffe in meine freie Handlungsweise ließ ich aber mit strengstem Eigensinne zurückweisen. Schon am nächsten Morgen sah ich ein, daß es unter jetzigen Umständen allerdings besser für mich sei, Paris so schleunig wie möglich für jetzt wieder zu verlassen.«

Von München nach Nauplia

Nach einer »Restaurations-[Erholungs]Reise, die im leichten Dauerlauf durch die Schweiz führte, traf Mensen Ernst im Frühjahr 1833 in München ein, und suchte sofort das Polizei-Büreau auf«, um die Erlaubnis zum Aufenthalt für einige Tage, und vielleicht zu einer Produktion [von Kunst-Läufen] in dieser schön gebauten Residenz-Stadt zu erlangen. [...] Meine sämmtlichen Papiere, worunter sich nächst mehreren Pässen voll Städte-Namen aus Ost und West, auch die Certifikate aus Paris und Moskau befanden, mußten dem Herrn Chef der Münchner Polizei-Behörde vorgelegt werden. [...] Das französisch-russische Testimonium über meinen vierzehntägigen Spaziergang von Paris nach Moskwa, schien seiner Gestrengen mehr in Zweifel, als in Erstaunen zu versetzen. Es wurde mehrere Male überlesen, und nicht gelesen, herum und hinumgekehrt, aber es stand doch Französisch – und Russisch – Paris – und Moskwa, nebst Insiegeln richtig darauf, also wendete sich die Aufmerksamkeit für dies bereits antik ausschauende Papier auf mich, – da ich eben auch nicht (obgleichs ich's zu Zeiten wohl hätte erschwingen können), im modernsten Pariser Kostüm meine Antritts-Visite machte. Man schüttelte bedenklich den Kopf. [...] ›In vierzehn Tagen von Paris nach Moskwa!‹ so lief das Votum von einem Pulte zum andern, durch das ganze Bureau. Von den meisten Angesichten [...] las ich recht deutlich: ›Freund! – Ihr wollt uns doch nicht mit französischen Zeitungs-Mirakeln die Köpfe versetzen!?‹« – Ein Wort gab das andere. Um die Sache abzukürzen, schlug Mensen Ernst vor, einen solchen großen Lauf zu wiederholen. Falls der Herr Polizeipräsident etwas zu bestellen hätte, nach Nauplia an König Otto vielleicht, den bayrischen Prinzen, der kurz zuvor zum König von Griechenland gekrönt worden war, Mensen Ernst stellte sich zur Verfügung. Wider Erwarten wurde dieser Vorschlag angenommen und wenige Tage später befahl man Mensen Ernst zu König Ludwig I., der sich leutselig mit ihm unterhielt, und nachdem er sich von der Glaubwürdigkeit des Läufers überzeugt hatte, mit einem Kurierdienst nach Nauplia beauftragte. Doch die Abreise verzögerte sich aus verschiedenen Gründen, wodurch Mensen Ernst viel unter dem Gespött der Zeitungen zu leiden hat, die ihn für einen Charlatan halten. Endlich am 6. Juni 1833 startete er von Nymphenburg aus, um »1 Uhr, 5 Minuten, 30 Sekunden«, mit dem »wahrhaft tief gefühlten Ausrufe: ›Lange lebe das Königshaus Baiern und Griechenland‹« nach Nauplia.

»Meine Kleidung bestand aus einem kurzen blauleinernen Mantel, dergleichen Pantalons von anderer Farbe, keine Weste, einen breiten Ledergurt nebst Ledertasche, worein ich die Privat-Briefe verwahrte; leichte Schnürstiefeln, endlich eine bequeme Kopfbedeckung, in Gestalt eines Baretts, das ich jedoch später verlor, und mit einer Mütze, endlich einem Turban vertauschte.«

Unterwegs hatte er manches Abenteuer zu bestehen. In Montenegro wurde er zweimal von Wegelagerern überfallen, das erste Mal gelang es, dank seiner schnellen Füße, zu fliehen, beim zweiten Mal raubte man ihm Geld, Reisekarten, Kompaß und Pässe, nur die königlichen Briefe konnte er verbergen. Darauf verirrte er sich im Grenzgebiet von Albanien und Griechenland und wurde, da er sich nicht ausweisen konnte, zunächst festgenommen. »Diese ganz unberufene Patrouille eskortierte mich, als verdächtig genug aussehend in meinem zerlumpten Reisekostüme, für nichts anderes als einen Spion, nicht weniger als 30 Stunden furchtbar langsam rückwärts , nach Janina zurück«, wo Dank der geretteten königlichen Briefe – allerdings mit orientalischer Bedächtigkeit – der Fall geklärt wurde. Endlich, »am 1. Juli Morgens 9 Uhr 48 Minuten 1833« erreichte er Nauplia, »in 24 Tagen, 42 Minuten und 30 Secunden, mit vielfachen Hindernissen und dreitägigem Zeit-Verluste, in großen Bögen über und um die Gebirge, täglich 18 – 20 Meilen (135 – 150 km). NB. Wegen der Gebirg-Passagen ist die wahre Linien-Länge dieser Reise nicht so sicher zu bestimmen als die ungestörtere Linie von Paris nach Moskwa.«

Mensen Ernst schätzte, daß er auf dieser Irrfahrt rd. 450 deutsche Meilen, also etwa 3480 km zurücklegte, für die er von König Otto »das königliche Reisegeschenk von 1000 Gulden« erhielt und die Bestätigung, daß er tatsächlich in Griechenland war:

»Daß der Schnell-Laufer Mensen Ernst, gebürtig aus Bergen in Norwegen, in Angelegenheiten Sr.– Majestät des Königs von Baiern an Se. Majestät den König Otto von Griechenland seinen Auftrag vollendet, und einer Rückkehr nach Baiern von Seite des hiesigen Hofes nichts im Wege steht, wird demselben von Amtswegen hiermit bezeugt. Nauplia den 7/10 Juli 1833.«[43]

Ein Schaulauf des »lebendigen perpetuum mobile«

Die nächsten drei Jahre durchstreifte Mensen Ernst, zum Teil mehrfach, Sachsen, Bayern, Österreich, Slavonien, Kroatien, Ungarn, Tirol, Italien, die Schweiz, Norddeutschland, Böhmen und die Europäische Türkei, wo er, um seinen Lebensunterhalt zu verdienen, immer wieder Schau-Schnelläufe veranstaltet. Von einer Laufprobe im Wiener Augarten im Mai 1734 berichtet die *Allgemeine Theaterzeitung*:

»Der Schnell-Laufer Mensen Ernst aus Norwegen gab Donnerstag, den 15. Abends eine große Production im k.k. Augarten, und lieferte einen augenscheinlichen Beweis, daß er im Stande sey, in der Kraft, Ausdauer und Schnelligkeit allen bisher bekannten

Schnell-Laufern den Rang abzugewinnen. Wir haben bereits in einem früheren Jahrgange der Theaterzeitung gemeldet, daß er einen Wettlauf von Paris nach Moskau binnen 14 Tagen, und hierauf einen Schnell-Lauf von München nach Griechenland innerhalb 24 Tagen [...] unternommen habe. Jeder Leser hielt diese Mittheilung für eine Münchhausen'sche Fiction, und sie bewährte sich doch als das Resultat der Wahrheit. Die heutige Production erregte mit Recht Staunen und Bewunderung unter den ziemlich zahlreich versammelten Zuschauern. Der Rasenplatz des großen Parterres im Augarten beträgt 224 Klafter im Umfange. Mensen Ernst kündigte an, diesen Weg 36 Mal binnen 76 Minuten zurückzulegen. Anfangs umlief er den Raum im 1 ½ Minute, später in 2 und gegen Ende in 2 ½ Minute. Er bewegte sich bei der drückendsten Sonnenhitze ohne die geringste sichtliche Anstrengung, trank zur Auffrischung zu mehreren Malen ein Glas Wasser, hielt die Uhr in der einen, ein kleines Stäbchen in der andern Hand, und legte einen Weg von 8062 Klafter, also mehr als zwei deutsche Meilen [= ca. 15 Km], in einer Stunde und 20 Minuten zurück. Während dieser ganzen Zeit pfiff er lustig und guter Dinge eine unbekannte wahrscheinlich norwegische Arie. Das öftere Anhalten beim Wassertrinken war Ursache, daß er um 4 Minuten später anlangte. Eigentlich durchlief er diesen Weg 37. Mal; denn vor Anfang der eigentlichen Production machte er einen Umlauf, wie er sagte, nur zum Spaß. Nach Beendigung dieses Laufes zu Fuß sollte er den Rasenplatz zwei Mal auf Stelzen umkreisen; aber kaum hatte er den Weg ein Mal vollendet, so zerbrach eine Stelze, und somit mußte die Darstellung als beendet betrachtet werden.

Mensen Ernst spricht etwas gebrochen deutsch, ist gegen 40 Jahre alt, hat einen unansehnlichen, fast zwergenhaften Körper, sodaß er beim ersten Anblicke durchaus keine Erwartung in Anregung bringt. Brust und Schultern jedoch sind breit und kräftig, und deuten auf Ausdauer in solchen Bewegungen. Sein Anzug nach türkischer Sitte war weiß, mit rother und blauer Verzierung. Der Kopf war mit einem Turban bedeckt, worauf sich rothe Federn befanden. Mensen Ernst verdient in der That das Zeugniß, daß er Kraft und Ausdauer hinlänglich besitze, um als der Vorzüglichste unter den gegenwärtig lebenden Schnell-Laufern ausgezeichnet zu werden.«[44]

Eine Woche später wiederholte Ernst seine Produktionen im Augarten:

»Der Ankündigung zufolge sollte er den Rasenplatz des großen Parterre [...] zweimal mit Stelzen, und hierauf binnen 76 Minuten 36 Mal ohne Stelzen umlaufen. Der Schnell-Lauf mit Stelzen zeigt sich als eine höchst anstrengende Bewegung, da bei dem unelastischen Auftreten die Brustmuskeln ungemein in Anspruch genommen werden. Dennoch legte Mensen Ernst auf seinen 1 ½ Schuh hohen Holzbeinen die Rennbahn ohne Unterbrechung und mit der größten Leichtigkeit drei Mal zurück, und hatte zu jedem Umlaufe nur 3 Minuten Zeit nothwendig. Ohne von dieser Stelzengalopade auszuruhen trat er unverzüglich seinen Schnell-Lauf zu Fuß an, und umflog den Rasenplatz jedes Mal regelmäßig binnen 2 Minuten und einigen Secunden. Nach Ablauf von 77 Minuten hatte er den bedeutenden Weg von 2 deutschen Meilen und 64 Klaftern mit jener bewunderungswürdigen Kraft und Ausdauer zurückgelegt, welche ihm den Vorzug vor allen bekannten Schnell-Läufern einräumt, die sich bei der Fortbewegung nach einem *weiten* Ziele einen Namen erworben haben. Da bei dieser Production die außerordentliche physische Kraftentwicklung mehr ein Gegenstand der Aufmerksamkeit seyn mußte, als das Anlangen am Ziele nach der angegebenen Minute, so wurden ihm auch allgemeine laute und verdiente Beifallsbezeugungen gespendet. [...] Dieser Schnell- und Langläufer, dieses lebendige *perpetuum mobile* [gehört] unter die außergewöhnlichen Erscheinungen und [hat] bereits in ganz Europa Sensation erregt.«[45]

Große Eil-Reise von Konstantinopel nach Kalkutta und zurück in 59 Tagen

Über seinen dritten und spektakulärsten Distanzlauf ist im einzelnen das Wenigste bekannt. »Die Idee zu dieser größten, abentheuerlichsten Schnellreise, welche alle bereits vorangegangenen an Ausdehnung übertrifft, wurde bereits 1835 durch mehrere reiche, mir als Theilhaber an der ostindischen Kompagnie bekannte Engländer in Genf für mich jung gemacht. Es war daher bereits ein alter Plan, welcher in Konstantinopel nur zur Reife kommen sollte. Ich war hier bereits sehr bekannt, vorzüglich mit Engländern, als hiesigen großen Kaufleuten, welche zur brittisch-ostindischen Kompagnie gehörten, und mit Asien, vorzüglich mit dem weit und breit Handel treibenden Kalkutta in Ostindien, in Verbindung standen. Eben hatten diese Handels-Chefs wichtige Correspondenten nach Hindostan abzusenden, ich war ihnen zur Hand, und wie reiche Engländer an abentheuerlichen, barocken Ideen in ihrer Ausführung weder Kosten scheuen, noch oft das Ende berechnen, so war mir eben von einem Klubb solcher Männer [...] der Vorschlag gemacht, ihre Briefe zu Fuß an Ort und Stelle zu bringen, und zwar in möglichst kurzer Zeit, die ich mir selbst auf 2 Monate hin und zurück, anfänglich noch scherzhaft, feststellte. – Man faßte mich aber beim Wort und [...] so sagte ich endlich zu dieser Reise für das Privat-Pretium von vorläufig 150 Sterling, zugleich aber auch im Namen der ganzen brittischen ostindischen Compagnie in London, zu beginnen.

Der damalige schwedische Gesandte bei der Hohen Pforte, Graf Attesta, rieth mir von dieser bisher noch von keinem Menschen zu Fuß unternommenen Reise ernstlich ab; die Engländer aber hielten mich fest am Versprechen. Zwei Tage schwankte ich im Willen. [...] Ein Theil, freilich der kleinste von Asien, war mir bereits vom Jahre 1828 her, auf der Reise in Syrien, Palästina, und dem asiatisch-türkischen Reiche, bekannt geworden, aber auch sammt den Schwierigkeiten, in dortigen heißen Sandwüsten rasch fortzukommen.«

Am Morgen des 28. Juli 1836 morgens 5 Uhr startete Mensen Ernst in Konstantinopel vom Obelisken neben dem antiken Hippodrom. Er durchquerte in möglichst gerader Linie zunächst die ihm bereits bekannten Gebiete, die Türkei und Syrien, dann Persien, wobei er sich südlich hielt. Über die genaue Route seiner Reise schweigt die Biographie. Seine Ausrüstung war denkbar einfach: ein Kompaß, ein Quadrant und ein paar unverläßliche Karten.

Nach dreißig Tagen, am 27. August 1836, morgens 9 Uhr langt er in Kalkutta an, und gab die Briefschaften im Haus des Bankiers Gipsman ab. Drei Tage später war er mit den Anwortschreiben schon wieder unterwegs. Diesmal wählte er eine nördlichere Route; den Ganges hinauf, dann, den Himalaya zur Rechten nach Kabul, wo ihn Aufständische zu Umwegen zwangen. Über Teheran, am Ararat vorbei, gelangt er nach Erzurum. Als er ans schwarze Meer kam, hatte er die schwierigsten Abschnitte seiner Reise hinter sich. Am 2. Oktober traf er wieder in Konstantinopel ein. Briefe und Pässe bestätigten, daß er tatsächlich in Kalkutta gewesen war. Zu Schiff hätte die Reise wesentlich länger gedauert, er muß also zu Fuß gelaufen sein.

In 59 Tagen reiner Laufzeit hatte Mensen Ernst nach eigenen Schätzungen rund 1120 deutsche Meilen [8400 km] zurück gelegt, im Schnitt rund 19 Meilen [142 km] pro Tag. Zum Vergleich: Der Marathonläufer Philippides legte im Jahr 490 v. Chr. die Strecke von Athen nach Sparta und zurück (= 510 km) in vier Tagen zurück – und starb an Erschöpfung. Am 20.November1953 gelang dem Südafrikaner John Hayward bei einem 24 Stunden-Lauf in England die Tagesleistung von 256,4 km. Der Rekord im »Go-as-you-Please«-Sechstagerennen, den der Brite Littlewood 1888 in Los Angeles mit 1003,83 km aufgestellt hatte, wurde erst am 29. November 1982 (!) durch den 27jährigen Franzosen Dominique Eche gebrochen. Im Stadion von Cannes (nicht querfeldein!) trabte er in sechs Tagen 1009,4 km, was einem Tagesschnitt von 168,23 km entspricht.[46]

Verschollen am Oberen Nil

Der Lauf nach Kalkutta hatte den inzwischen immerhin 36jährigen Mensen Ernst wider sein Erwarten sehr erschöpft, in Orsova an der Donau bricht er zusammen: »Meine Riesenkräfte schienen auf einmal nachzulassen; dazu kam wohl hauptsächlich, daß jener Schlangenbiß, den ich auf der Feldmark des alten Babylon im Schlaf erhalten hatte, sich plötzlich und lebensgefährlich wieder entzündete und mir die fürchterlichsten Schmerzen verursachte, welche eine schlechte Witterung noch empfindlicher machte. Außerdem litt ich an Allem den größten Mangel, ich besaß fast keine Kleider mehr, was nach einem so großen Spaziergange durch halb Asien, wohl kein Wunder war, die ungeheuren Strapazen stellten sich mir erst jetzt recht deutlich vor Augen.« Notgedrungen gönnte Ernst sich 10 Tage (!) Erholung, »da meiner Wunde Schonung und Aufmerksamkeit, ich überhaupt einiger Pflege bedürftig war«. Sobald er sich einigermaßen kräftig fühlt, reiste er mit halber Kraft weiter, zurück nach Deutschland, von Ort zu Ort tingelnd, und ab und zu einen Schaulauf veranstaltend.

In Breslau hatte er Freunde, hier fand er auch seinen Biographen, dem er seine »Memoiren zu ordnen« gab und nach und nach seine Abenteuer erzählte. »Nur zögernd, ob meiner unwiderstehlichen Eile und der großen Schwierigkeiten eines solchen Unternehmens, ist dasselbe denn doch [...] binnen 3 Jahren [...] zu derjenigen Vollkommenheit gediehen, daß ich dadurch allein vor der völligen Nacht meines unbeugsamen Verhängnisses geschützt wurde. ... Über Vieles, ja über das Wichtigste meines innern Lebens, mußte ich gänzlich und für immer schweigen.« – Was damit, vor allem mit der »Nacht des unbeugsamen Verhängnisses« gemeint sein könnte, bleibt dunkel. Vielleicht ist es eine Anspielung mehr auf den fortschreitenden Alkoholismus des Schnelläufers, wie sie sich häufiger in der Biographie findet.

Durch Mensen Ernsts Unrast und Unstetheit wurde die Vollendung der Memoiren immer wieder hinausgezögert: »Während man von mir schrieb und druckte, durchreiste ich in den jüngsten Jahren 1838, 1839 bis 1840 abermals die meisten Staaten Europa's, schiffte mich am 24. Oktober 1838 in Toulon auf dem Dampfschiffe nach Algier ein, um Afrika in seiner noch undurchdrungenen Ausdehnung von Nord nach Süd endlich doch zu durchreisen.« Doch diesen »frisch gefaßten Plan« mußte er bald aufgeben. »Ich kam nur bis zum Felsen von Abria, der vormaligen Gränze der Bionuten, wurde aber mit höchster Lebensgefahr zurückgewiesen, weil man mich hier für einen Franzosen, also für einen direkten Feind hielt ... Am 13. November kehrte ich [...] mit dem Dampfschiff nach Toulon zurück – und drei Vierteljahre später befand ich mich schon wieder tief in Russland, nachdem ich Breslau und meinen Biographen besucht hatte. – Die Idee statt durch Afrika durch Nord-Asien, und zwar unter Schutz des Kaiser von Rußland eine Reise nach China zu thun, hat sich mir unwiderstehlich aufgedrängt – allein ich fühle, daß meine Sonne in den Krebs getreten ist, und darum schließe ich eiligst mein Testament mit den Worten meiner innersten Überzeugung, meines innersten Menschen, nachdem ich fast alle Völker und Länder der Erde, die meisten mehr als einmal gesprochen und geschaut habe:

Und wer es nicht kennt, was mich rastlos trieb —
Und wer es nicht weiß, was üb'rall nur blieb,
Der ahne im Menschen nur seinen Geist,
Der ewig und ewig weiter reist;
Der nimmer rastet, wird niemals gestillt,
Den eine Sehnsucht nach Etwas erfüllt
Aus dem Bronnen, wo ewiges Wasser quillt.
Das Wasser strömt ab, das Wasser nimmt zu,
Die Sonnen-Meer haben im All' keine Ruh;

So findet des Menschen Geist auch keine Rast,
Es treibt ihn die Welle von Mast zu Mast,
Bald ist er zu leicht, dann zieht ihn die Last –
Doch wird einst ein größeres Reich zerstört,
Man von mir erst den wahren Aufschluß hört;
Bis dahin irr' ich, üb'rall ein Gast.
Mit meinem Kummer – mit meiner Last.
Es spielt eine Welle auf's Heimathland –
Die Welle, die Welle, sie ist mir bekannt,
Kein Sterblicher hat ihren Namen genannt.«

Mit diesem etwas geheimnisvollen und anspielungsreichen Gedicht bricht Mensen Ernsts Biographie (nach 434 Seiten!) etwas abrupt ab, und man wäre fast versucht das ganze doch für eine Mystifikation, oder eine (allerdings sehr merkwürdige) dichterische Bearbeitung des im Vormärz so beliebten Motivs des ewigen Juden Ahasver zu halten – wenn es nicht eine Zeitungs-»nüchterne« Fortsetzung des Lebenslaufs dieses merkwürdigen Schnelläufers gäbe. 1838 berichtet eine Tageszeitung von einem seiner letzten großen Auftritte in Deutschland:

»... Er legte binnen 72 Minuten den ¾ stündigen Weg vom letzten Hause vor dem Grimmaschen Thore [in Leipzig] bis Alt-Sellerhausen dreimal hin und her zurück, dabei hielt er mit dem Renner [so wurde die erst seit wenigen Jahren von Leipzig aus verkehrende Eisenbahn genannt, die mit ca. 35 – 40 km/h Höchstgeschwindigkeit fahren konnte, S.O.] ungefähr 900 Schritt weit, bis der Weg seitswärts von der Bahn sich entfernte, gleichen Schritt. Dieses Original, aus Bergen gebürtig, ist 39 Jahre alt, klein, etwas untersetzt, sehr lebhaft und spricht den Jargon von mehreren Sprachen auch italienisch und türkisch. Er will den Weg von Paris nach Moskau in 14 Tagen, den von München nach Scutari in Albanien, dann über Janina nach Athen, in 24 Tagen, ferner den Weg von Scutari in Asien über Aleppo und Jerusalem durch die Wüste nach Teheran nach Cabul und Calcutta in 59 Tagen gemacht haben, wie Zeugnisse und Pässe aus mehreren der genannten Orte besagen. Er findet seinen Weg mit Hülfe der Karte, des Kompasses und eines Quadranten, deren Gebrauch er in der Navigationsschule gelernt und als Untersteuermann eingeübt hat. [...] Seine Nahrung in der Wüste, wo er zum Durchkommen seine 2 Ellen langen, norwegischen Schneeschuhe brauchte, bestand aus etwas Brod, wildem Honig etc. und seine Stärkung in einem Schluck Arrak. Den griechischen Räubern ist er entlaufen; nur ein Montenegriner holte ihn ein. In Asien fand er überall gutmüthige Leute, die ihn laufen ließen. Von hier will er über Dresden nach St. Petersburg gehen, dann über Moskau nach China; in China will er aber längere Zeit verweilen, um das Land mit Muße kennen zu lernen.«[47]

Sein Biograph hat ausgerechnet, daß Mensen Ernst, inzwischen 39 Jahre alt, bis zu diesem Zeitpunkt auf seinen See- und Landreisen zusammen rund 50 000 deutsche Meilen (375 000 km) zurückgelegt hatte, davon etwa 16 bis 18 000 Meilen (120 bis 135 000 km) zu Fuß. Hätte er diese Strecke, die einer viermaligen Erdumrundung entspricht, in einem ununterbrochenen Lauf zurückgelegt, so hätte er dazu (den Tagesschnitt seiner Konstantinopel-Kalkutta-Reise zugrunde gelegt) rund 1000 Tage oder drei Jahre gebraucht. Umgerechnet auf seine 20jährige Karriere als Läufer bedeutet das, daß Mensen Ernst 6750 km pro Jahr zurücklegte, d.h. jeden Tag 18,5 km. Ob aus der Reise nach China nichts wurde, oder ob Mensen Ernst schon wieder aus dem fernen Osten zurück gekommen war, als er (es muß etwa 1842/43 gewesen sein) in Schlesien den Fürsten Pückler-Muskau traf, ist nicht überliefert. Jedenfalls überredete ihn Fürst Pückler (der übrigens den Begriff *Sport* in die deutsche Sprache einführte) zu einem neuerlichen Distanzlauf. Darüber war ein paar Jahre später zu lesen:

»Der unaufhaltsame Mensen Ernst tat seinen letzten Lauf im Dienste des Fürsten Pückler-Muskau, der ihn zur Aufsuchung der Quellen des Nil nach Oberägypten gesandt hatte.«[48]

Nachdem Mensen Ernst am 11. März 1838 in Frankfurt am Bokkenheimer Tor einen seiner Schauläufe veranstaltet und anschließend im »Wirtschafts Lokal des Herrn Fritz gegenüber der Warte« ausgiebig gefeiert hatte, rief die *Didascalia* dem längst schon nicht mehr in der Stadt weilenden Läufer nach: »Möge er noch viele Jahre durch's Leben laufen, – und sollte ihm der Tod an irgend einem Ende der Welt einmal begegnen, so möge er an's andere rennen. Freund Hain hat viel zu viel zu tun, als daß er sich die Mühe nehmen wird, den berühmten Norweger einzufangen. Er wird ihn laufen lassen und denken: lauf nur, ich erwische Dich doch.«[49]

Er erwischte ihn tatsächlich. Mensen Ernst starb am 22. Januar 1843 ohne das Ziel seiner Reise, die Nil-Quellen, erreicht zu haben. Während die handschriftliche Notiz unter seinem Porträt Smyrna angibt, wollen andere wissen, daß er in dem Dorf Seyene bei Assuan an der Ruhr starb und dort auch begraben wurde.[50]

Die Nilquellen wurden übrigens erst zwanzig Jahre später durch Samuel White Baker, Speke und Errant entdeckt.

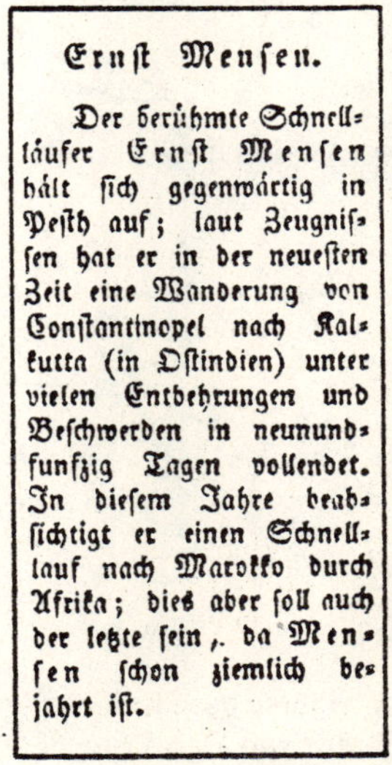

Ernst Mensen.

Der berühmte Schnellläufer Ernst Mensen hält sich gegenwärtig in Pesth auf; laut Zeugnissen hat er in der neuesten Zeit eine Wanderung von Constantinopel nach Kalkutta (in Ostindien) unter vielen Entbehrungen und Beschwerden in neunundfunfzig Tagen vollendet. In diesem Jahre beabsichtigt er einen Schnelllauf nach Marokko durch Afrika; dies aber soll auch der letzte sein, da Mensen schon ziemlich bejahrt ist.

Course des Hommes
Karikatur von Henri Meyer, 1875

5. Kapitel

Hemmnisse des Fortschritts
vom Berufsläufer zum Sportler

Ein sansculottischer Einfall

In England, der »Heimat des Sports«, hatte die in den vorangegangenen Kapiteln geschilderte Entwicklung vom laufenden Boten über den herrschaftlichen Läufer zum Kunstläufer bereits 50 bis 100 Jahre früher begonnen.[1] Die Wettleidenschaft der Briten forcierte diese Mode. Beliebt waren neben Wettläufen von Berufsläufern die Kuriositätenwettläufe, bei denen Greise, Schwangere, Krüppel, Splitternackte, Kleinkinder und Dicke oder wer immer so aussah, als eigne er sich zum Laufen überhaupt nicht, über die Strecke gehetzt wurden.

In den von Archenholz herausgegebenen *Brittischen Annalen*, einer jahrbuchähnlichen Zeitschrift, die die Deutschen über England und die Engländer informierte, konnte man häufiger über derartige Veranstaltungen lesen. Zwei Beispiele:

»In einem Dorfe bei Chester sah man im März [1780 o. 81] eine außerordentliche körperliche Anstrengung. Ein Landmann wettete um fünf Guineen, daß er einen Raum von sechzig Ellen in zwanzig Hüpfern zurücklegen wollte. Der Mann war schwerfällig und dickbäuchigt; da nun überdem seinem Gegner die Wahl des Boden überlassen wurde, der daher auch den unebensten in die Höhe laufenden Terrain aussuchte, welchen er nur in der ganzen Gegend finden konnte, so hielt man die Ausführung für unmöglich. Sie geschah zu jedermanns Erstaunen, und zwar in nur fünfzehnmal Hüpfen.

Ein Müßiggänger in London wettete im März um zwanzig Guineen, daß er in einer Stunde Zeit alle Bäume in St. James-Park mit Kreide bezeichnen woll. Er vollbrachte dies mit unglaublicher Geschwindigkeit, und war in 50 Minuten damit fertig«.[2]

Das Wetten auf den Sieger (wie es schon früher beim Pferderennen in Mode kam), machte das Wettlaufen von Menschen, das unter ökonomischen oder gesundheitlichen Gesichtspunkten völlig unsinnig erscheinen mußte, in England zu einer ernsten und ernstzunehmenden Sache. Unter diesen Umständen, zumal es meist um bedeutend hohe Summen ging, war es wenig ehrenrührig, daß sich (wie Archenholz berichtet) englische »Müßiggänger«, Standespersonen also, selbst an diesen Läufen beteiligten. Auf dem Kontinent, wo man auf Abstand und Etikette hielt, war so etwas undenkbar. Man hielt es für eine der typischen excentrischen Launen der reichen Engländer. Mit Verwunderung berichtete die *Vossische Zeitung* vom 10. März 1824:

»Berlin. Die Anwesenheit einiger junger Engländer gab vorgestern Veranlassung zu mehreren Wettläufen in dem Thiergarten, die zum Theil von so sonderbarer Art waren, daß sie vielleicht in London selbst noch nicht vorgekommen seyn dürften. Die neuangelegte Chaussee von Hrn. Kämpers Garten nach den Hofjäger diente zur Rennbahn, da dieser Weg in den schönen Winter- und Frühlingstagen als Spaziergang von der vornehmen Welt besucht wird, fehlte es nicht an glänzenden Wagen- und Menschenreihen zu beiden Seiten; die Königl. Prinzen mit einem zahlreichen Gefolge waren gegenwärtig. Die *erste Wette* war ein gewöhnlicher Wettlauf auf hundert Schritt zwischen zwei Engländern. Hr. Capit. H. gewann mit 1 ½ Schritt. Die *zweite Wette*: Ein Engländer nahm einen andern, den man für den leichtesten in der Gesellschaft hielt, auf die Schulter und wettete, 100 Schritt eher zu laufen, als ein anderer ohne Last 200 Schritte laufen würde; der Träger gewann. *Dritte Wette*: Der Gr. v. A. wettet, 200 Schritt rückwärts eher zu laufen, als ein anderer 400 Schritt vorwärts. Der Rückwärtsläufer gewann mit einer Überzahl von wenigstens 100 Schritten. *Vierte Wette*: Ein Junger Engländer wettete gegen den Gr. v. Br. 100 Schritt zu laufen, ehe jener ihn auf 150 Schritt im vollsten Carriere zu Pferde einholen würde. Es wurden viel Wetten auf den Reiter gemacht, der ein treffliches Pferd hatte und nur 50 Schritt mehr als der Fußgänger zurückzulegen hatte. Der Fußgänger gewann mit solcher Überlegenheit, daß er die letzten 10 Schritte auf *einem* Bein machte. *Fünfte Wette*: Ein anderer Engländer wettete gegen Hrn. v. B. 50 Schritte hin und zurück zu laufen, ehe jener dieselbe Strecke im vollen Carriere zu Pferde machen würde. Alles war sehr gespannt auf diesen Wettlauf; der Vortheil des Fußgängers war, die Volte weit schneller machen zu können, als ein Reiter, der sein Pferd nicht so schnell im gestreckten Lauf herumwenden kann. Allein dieser Reiter machte die Volte so meisterhaft, daß der Fußgänger dadurch keinen Vorsprung gewann und die Wette verlor.«

Ein »Go-as-you-please«-Wettlauf
des englischen Schnelläufers Richard Manks
Holzschnitt (1851)

»Noch vor einigen Jahren wurde es für ein Ding der Unmöglichkeit gehalten, tausend Meilen in tausend Stunden zu laufen; vor wenigen Wochen hat der Schnellläufer Richard Manks [...], das Doppelte möglich gemacht, indem er auf dem Surrey-Cricket-Grund, Kennington, tausend englische Meilen in ebenso vielen halben Stunden zurücklegte [er bewältigte in 2 Wochen 1600 km]. Manks begann damit Freitags [...] den 10. Oct., Nachmittags 4 Uhr [...]. Die tausendste Meile [erreichte er] Freitag, den 31. Oct. 10 ½ Uhr Morgens. Bis zum 15. October war das Wetter für die Jahreszeit sehr hübsch, dann aber regnete es den ganzen Tag. [...] Ein Chirurg mußte ihm die Blasen an den Füßen aufschneiden, er wechselte die Schuhe, schnitt sie auf, um bequemer darin zu gehen, und lief nun so weiter. [...] die 1000ste Meile wurde in 7 Minuten und 40 Secunden zurückgelegt [...]. Mit Einschluß des Essens, des Waschens, des Kleiderwechsels u.s.w. brauchte er im Durchschnitt 5 Stunden zu 100 Meilen; die ersten 300 Meilen ging er in etwa 14 Minuten die Meile, sodaß er etwa 15 Minuten zum Ausruhen u.s.w. übrig hatte. Die nächsten 300 Meilen kosteten ihn 16 Minuten, die letzten 400 Meilen 16 Minuten 30 Secunden für die Meile, sodaß er nur etwa 13 Minuten zur Ruhe hatte. [...] Am Freitag 2 ½ Uhr Morgens wollte er nicht mehr von der Stelle, weinte wie ein Kind und sagte: Ich gehe nicht mehr weiter; Ihr wollt mich wol tödten? Endlich ließ er sich aber doch zureden, auszuharren bis ans Ende.«

Illustrierte Zeitung, Leipzig (1851)

Drei Tage später las man einen zweiten, kürzeren Bericht in der *Vossischen*:

»Berlin. Am 11ten wurden zum zweitenmale Wettläufe in dem Thiergarten gehalten. Die Zuschauerschaft war diesmal noch weit glänzender und zahlreicher, als das erstenmal, allein die Wetten nicht so mannigfaltig. Den Englischen Wettläufern gewann diesmal ein Hr. v. B aus der Preußischen Schweiz (Neufchatel) den Vorrang ab.«[3]

Diese Wettläufe im Tiergarten, angezettelt von einigen englischen Gentlemen, blieben ein Einzelfall und sollten sich so bald nicht wiederholen. Da sich an den Wettläufen auch deutsche Adelige beteiligt hatten, enthielt sich der Berliner Zeitungsschreiber vorsichtig jeden Kommentars. Archenholz dagegen sprach in seinen Berichten aus England angesichts der schwitzenden und arg keuchenden Läufer vom »Niedrigen dieser Szene«. Daß sich sogar Standespersonen aktiv an Wettläufen beteiligten, war für ihn unbegreiflich; er hielt die aktive Beteiligung von Standespersonen an Wettläufen für einen »sansculottischen Einfall« und eine bedenkliche Entwicklung.[4]

Es war Fürst Pückler Muskau (der gleiche, der den Einfall hatte, Mensen Ernst zu den Nilquellen zu schicken), der das Wort »Sport« aus dem Englischen in die deutsche Sprache einführte. In seinen *Briefen eines Verstorbenen* (1830/31) schrieb er »Sportsman, Sport ist ebenso unübersetzbar wie Gentleman«.[5] Und noch 1844 meinte ein Kenner: »Die Sports ... wir haben für dieses Wort kein entsprechendes und sind daher fast gezwungen, es in unserer Sprache aufzunehmen«.[6] Was das aber sein sollte, wußte in Deutschland auch noch um 1850 niemand so recht, geschweige denn wurde es für das gehalten, was es eigentlich bedeutete: *deportare* = sich vergnügen. Von sportlichen Laufveranstaltungen, wie sie um 1850 in England von *Amateuren* und *Professionells* veranstaltet wurden, las man bestenfalls in der Zeitung. Einen Einfluß auf die Entwicklung des Laufens in Deutschland hatte die englische Sportbegeisterung zu diesem Zeitpunkt noch nicht.

Die volkstümlichen Wettrennen

Sowenig es in der ersten Hälfte des 19. Jahrhunderts auf dem Kontinent einen Begriff von dem gab, was wir heute Sport nennen, sowenig gab es ein sachkundiges Publikum, das die im Sport gebotenen Leistungen beurteilen konnte. Sport und Sportpublikum, beides entwickelte sich erst langsam unter wechselseitigem Einfluß.

Die volkstümlichen Wettläufe, die von der Volkskunde unter Titeln wie *Spiel und Sport als völkisches Erbe* abgehandelt bzw. von der Sportsgeschichtsschreibung als Frühform reklamiert werden, haben, betrachtet man die historische Entwicklung genauer, wenig oder nichts zu dieser beigetragen. Das Scharlachrennen der Wiener Huren,[7] der Lauf der Schäferinnen am St. Bartholomäustag in Markgröningen,[8] der Gang der Jünger Petrus uund Johannes zum Grabe Jesu, der in den Osterspielen als komischer Wettlauf inszeniert worden war, die zahllosen Läufe der jungen Burschen zu Ostern, Pfingsten oder anderen Jahreslauffesten, der Schembartlauf, das Sack-, Eier-, Wasserlaufen, der Brautlauf etc. etc.,[9] selbst die Wettläufe, die im 16., 17. und noch im 18. Jahrhundert von den Schützengesellschaften anläßlich von Armbrustschießen veranstaltet wurden – das waren zwar häufige und weitverbreitete, oft traditionsreiche, aber lokal vereinzelte Veranstaltungen von je eigenem Gepräge und unterschiedlichen Ursprüngen. Die einzige Gemeinsamkeit, die man zwischen ihnen finden kann, ist das Vergnügen an körperlicher Bewegung und Verausgabung. Gerade die Lust am Agonalen aber wurde spätestens zu Beginn des 19. Jahrhunderts durch die bürgerlichen Vorstellungen von vernünftigem Einsatz der Körperkräfte und anständigem, dezentem Verhalten kanalisiert, zuletzt verdrängt. Die Folge war, daß die traditonellen volkstümlichen Wettrennen aufgegeben oder zu Kinderspielen degradiert wurden. Wo sie sich in ländlichen Gebieten als lokales Brauchtum halten konnten, wurden sie als bäurische Vergnügungen abgetan und verachtet.

Das Laufen war in Verruf geraten

Die Kritiker nannten das Halten von Läufern überheblich, menschenverachtend und verschwenderisch. Bei aller Berechtigung dieser Kritik schüttete man – jedenfalls aus heutiger Sicht – das

Kind mit dem Bade aus, indem man nicht nur den Beruf des Vorläufers, sondern auch das Laufen an sich denunzierte. Es waren anfänglich politisch-oppositionelle Ansichten, durch die die läuferische Leistung, ja überhaupt die menschliche Fähigkeit, schnell laufen zu können, in Verruf geriet. Nach außen hin allerdings schob man ästhetische und medizinische Gründe vor.

Wie nachhaltig sich das (Vor)Urteil hielt, daß Laufen gesundheitsschädlich sei (und wie verderblich das Wetten), zeigt ein Artikel der Familienzeitschrift *Daheim* aus dem Jahr 1891, in dem der Autor unter dem Titel *Das Laufen. Ein Mahnwort an Eltern und Erzieher* beklagt, daß im Turnunterricht die Laufübungen zu wenig gepflegt würden. U.a schreibt er: »Das Laufen ist eine [...] heilsame Übung, die sich fast zu allen Zeiten und überall treiben läßt, aber es steht leider unter dem Banne der Basenweisheit, die jedem schnellen Läufer hinterherschreit: ›Junge, lauf dir nicht die Schwindsucht an Hals‹. [...] Wenn [ein ungeübter Erwachsener] einmal in aufgeregter Stimmung eine tolle Wette eingeht und bei einer vermessenen Laufleistung Schaden nimmt, so wird ein solcher Unglücksfall mit Vorliebe weiter erzählt und zu gunsten des veralteten Vorurteils verwertet, während der Einsichtige die Schuld dabei der Unbesonnenheit des Wettenden und in den meisten Fällen dem vorausgehenden Genuß von Speisen und Getränken zumessen wird.«[10]

Vieth und Guts Muths, die reformerischen Pädagogen, die am Ende des 18. Jahrhunderts Gymnastik, Turnen und Laufen als Schulfach einführen wollten, hatten es nicht leicht, den Wert von Leibesertüchtigungen gegen das vor allem in bürgerlichen Kreisen durch die Läuferhetze der Adligen genährte Vorurteil zu verteidigen. Und sie hatten gute Gründe, sich bei der Propagierung der Leibesübungen nicht auf heimische und lebendige Traditionen zu berufen, sondern das Ideal der griechischen Antike, das *gymnasion* aus der Mottenkiste zu holen.

1795 beklagte Vieth in seinem *Versuch einer Encyclopädie der Leibesübungen*, wie wenig die menschliche Fähigkeit, Laufen zu können, zu seiner Zeit geachtet, und daß der Gebrauch der Beine daher ganz aus der Mode gekommen sei:

»Das Laufen ist eine Geschicklichkeit, die sehr verdiente, mehr unter uns geachtet zu werden, als gewöhnlich geschieht. Schnelles Fortkommen von einem Ort zum andern ist uns in hundert Fällen

Der Wettlauf
Holzschnitt von Hans Burgmair aus Cicero: *De Officia*, Augsburg 1531.

Nürnberg, 2. März 1501:

»Am eritag vor dem cottemmmer in der vasten da hat der [Wagenknecht] Rab mit dem Thoman Löffelholtz gewett, er wollt in einer Stunde zu fußen untz gen Fürt, ein große meil, und her wider laufen, und es galt im vier gülden, daran setzet im Thoman Löffelholtz acht gulden, und auch darneben hat Löffenholtz auch mit einem gewett ümb ein gaul für 40 güldlein und anderswoh, das es im galt pei 70 gülden. item er luf in eim wammeshemd, des het er aufgeschurtzt zu dem gürtel, und eine leine nahthauben und kain schuh an und hielt den munt iemer zu pis auß gen Fürt und nam den brief an der kirchtür und schrait und gutzschet: ›da hab ich in‹ und luf wider ein und wut durchs wasser und sprang uber drei greben und kom herein, da noch ein halbs vierteil in der stund was, und es ward vil darneben gewett. er kome in der stund nit wider, und Thoman Löffelholtz rait mit im hinauß auf eim guten hengst, das der hengst ser switzet, er het in also ser geriten, must herein auf eim andern reiten, und der wagenknecht gewan redlich.«

so nothwendig; unsere eigenen Beine sind so geschickt zu schnellen Bewegungen, aber wir brauchen sie nicht mehr zu den Diensten, die sie uns leisten könnten. [...] Nicht so war es bei den Griechen, wo das Laufen eine der vorzüglichsten gymnastischen Uebungen war, und in den öffentlichen Wettkämpfen den ersten Rang ausmachte.«[11]

Auch der »Turnvater« Friedrich Ludwig Jahn war entgegen der landläufigen Meinung, die behauptete, das Laufen mache schwindsüchtig, der Ansicht, daß für die Leibesertüchtigung des wehrhaften deutschen Mannes »das Laufen [...] mit Vorsicht [!] getrieben, eine besonders für die Brust und Lunge sehr heilsame Übung« sei,[12] und nahm, unter Voranstellung von Vorsichtsmaßregeln auch unterschiedliche Laufübungen in sein Turnprogramm auf: Das »Schnellrennen«, das »Dauerrennen«, den »Schlängellauf« auf der »Schlängelbahn«, das »Dauerschlängeln«, den »Schneckenlauf« (der nicht etwa im Schneckentempo, sondern auf einer Spiralbahn einwärts und auswärts absolviert werden mußte) den »Sturmlauf« (bergauf), den »Lastlauf« (mit Gepäck), den »Rücklauf« (d.h. das Rückwärtslaufen) und den »Zickzacklauf«, denn »schnelle scharfe Wendungen im Laufe machen zu können, ist von großem Nutzen«.

»Der Kibitzlauf ist eine Art Zickzacklauf. Man setzt nämlich einen Fuß seitwärts nach vorn, den anderen hinter diesen, und den ersten wieder seitwärts nach vorn. Nun setzt man den zweiten auf der anderen Seite nach vorn, den ersten hinter diesen, und dann wieder jenen seitwärts nach vorn. Diese Bewegung wird immer wiederholt, sodaß jedesmal *drei* Tritte schnell hinter einander nach einer Seite folgen. Dieser Lauf von mehreren, welche sich die Hände auf die Schultern gelegt haben, in gleichem Zeitmaße gemacht, nimmt sich gut aus.«[13]

Doch selbst bei Jahn und seinen engsten Anhängern scheint das Laufen nicht recht beliebt gewesen zu sein. Man zog die Disziplinen vor, die wir auch heute noch als »Turnübungen« bezeichnen. Jedenfalls fand sein Vorschlag, Rekordlisten zu führen (was in England schon ab etwa 1800 praktiziert wurde), keinen Anklang. Er wollte in seinem geplanten *Jahrbuch der Turnkunst* die »Ausgezeichneten namhaft machen, nebst der Angabe was sie geleistet«, wollte die »Turnfertigkeit« (Leistung) im »Schnelllauf und Dauerlauf« »beide genau nach Raum- und Zeitmaß« verzeichnet wissen.

Das jährliche Belzlaufen
dreier alter Weiber im Gostenhof zu Nürnberg
Kupferstich (18. Jhdt.)

Wettlauf der Männer und Frauen
beim Großen Augsburger Schießen im Jahr 1470
Buchmalerei (15. Jhdt.)

Insgesamt erreichte die von Jahn und den Burschenschaften propagierte Körperertüchtigung keine besondere Popularität. Was die Körperertüchtigung selbst betraf, mochten seine Programme vielleicht manchen Einsichtigen überzeugen, die ›gefährliche‹ und ›staatsfeindliche‹ Ideologie aber, die mit dem Turnen transportiert wurde, machte jedem guten Untertan die Teilnahme daran unmöglich. Als am 2. Januar 1820 durch Kabinettsordre in Preußen aus Furcht vor demagogischen Umtrieben jedwedes Turnen streng verboten, die Einebnung der Turnplätze und die Zerstörung der Geräte angeordnet wurde, wurde die Jahnsche Idee der Körperertüchtigung für lange Zeit unterdrückt.[15]

Dieser Erlaß wurde in Preußen erst nach 20 Jahren wieder aufgehoben; auch wenn andere Staaten des Reichs sich früher milde zeigten – für die Entwicklung des Laufens in Deutschland von einem verachteten Beruf zu einer anerkannten Freizeitbeschäftigung bedeutete das bösen Rückschlag.

Vom Überleben auf dem Jahrmarkt

Einzig die Jahrmarktsläufer hielten während dieser Zeit (in Deutschland) die Erinnerung daran wach, daß der Mensch die Fähigkeit zum Schnellaufen besitzt. Sie absolvierten in ihren Schauläufen das gleiche Programm, daß Jahn in seiner *Deutschen Turnkunst* aufgestellt hatte. Sie nannten die einzelnen Übungen nur anders und verkauften sie gefälliger. Den Kibitzlauf nannten sie Walzerschritt und den Lastlauf absolvierten sie in der malerischen Kürassier-Rüstung.

Der Beitrag, den die Kunst-Schau-Läufer des Jahrmarkts zur Herausbildung des Sportlaufens leisteten, ist bisher unterschätzt worden. Es war ein Fortschritt hin zum modernen Sport, daß der Jahrmarkt dem vorher einsam und unbeachtet laufenden Boten (bzw. dem auf der Hasenheide vor sich hin schneckenlaufenden Burschenschafter) das Publikum zuführte, das ihm zujubelte. Damit wurde dem Ehrgeiz des Läufers ein ganz neues Ziel gesteckt: der öffentliche Ruhm und der Beifall der Zuschauer. Auch dies ist eine Komponente des Sports: sich vor anderen und unter den Augen eines Publikums auszuzeichnen. Läufer und Laufen rücken dadurch in den Mittelpunkt des Interesses.

Die Aufgabe eines Botenläufers war es gewesen, einen Brief abzuliefern, die eines herrschaftlichen Laufers, Statussymbol zu sein. Es waren niedrige Dienstleistungen, die die Berufsläufer verrichteten, und dafür wurden sie als Personen so gut wie ihr Gewerbe verachtet. Die eigentliche Leistung, die diese Läufer vollbrachten, um ihrer Aufgabe gerecht zu werden, verschwand hinter der Erledigung dieser Aufgabe, so wie sie als Personen aus dem Bewußtsein verschwanden, wenn sie nicht mehr gebraucht wurden. Das war selbst noch bei den Mailäufen im Prater der Fall. Der Ruhm, in dem sich der Sieger einen Tag lang sonnen konnte, basierte nicht auf der Bewunderung für seine läuferische Leistung, es war lediglich Widerschein des Ruhms seiner Herrschaft, die es sich leisten konnte, einen so schnellen Läufer zu halten. Es war nicht die Person Franz Wandrusch, die gesiegt hatte, sondern der fürstlich schwarzenbergische Läufer, der zufällig so hieß, war eigentlich Fürst Schwarzenberg selbst. Wie beim Pferderennen, wo nicht der Gaul oder der Jockey, sondern der Stall den Preis bekommt.

Bei den laufenden Boten und den herrschaftlichen Laufern war noch einzig der Zweck ihrer körperlichen Fähigkeit das Wichtige und stand im Blickpunkt, nicht das Mittel, die körperliche Fähigkeit, das Laufen selbst. Auf dem Jahrmarkt, unter den Bedingungen einer artistischen Ästhetik, verkehrt sich dieses Verhältnis. Auch wenn es der Jahrmarktsläufer selbst vielleicht noch nicht zu spüren bekam: Die Folge davon war eine doppelte Aufwertung. Aufgewertet wurde das Laufen als körperliche Fähigkeit und die Person des Läufers, die über diese Fähigkeiten verfügt, die sie vor anderen auszeichnet.

Fast noch wichtiger als diese Aufwertung des Laufens war, daß die Jahrmarktsauftritte das Laufen allmählich zu einer sportlichen Disziplin formierten, die Zuschauer disziplinierten und zu einem sachkundigen Sportpublikum machten: Ein dialektischer Prozeß, der am anschaulichsten an der Herausbildung einer Vorstellung von läuferischer *Leistung*, gemessen im Verhältnis von Zeit zu Strecke, zu zeigen ist.

Zeit / Strecke = Leistung

Wie aus den oben zitierten Berichten zu entnehmen, wurde die Leistung der Läufer – falls überhaupt der Versuch gemacht wurde, sie in irgendeiner Weise zu benennen – zunächst nur durch die zurückgelegte Distanz angegeben, indem die Strecke ausführlich und umständlich beschrieben wurde. Der jeweilige Zeitungsschreiber, der darüber berichtete, ging fest davon aus, daß seine Leser die Länge dieser Strecke auf ihren sonntäglichen Spaziergängen selbst abgeschritten hatten, und daß sie wußten, oder besser eine Erinnerung und ein Gefühl dafür hatten, wie weit es beispielsweise vom Wilhemshöher Tor bis kurz vors Schloß in Kassel oder vom Barfüßer Tor bis zum Schützenpfuhl in Marburg war. In welcher Zeit die jeweilige Strecke zurückgelegt worden war, scheint zunächst noch gar nicht interessiert zu haben. Bei Wettläufen im Prater etwa genügte es zu wissen, welcher herrschaftliche Laufer als erster durchs Ziel gekommen war. Erst ganz allmählich tauchen neben den detaillierten und konkreten Wegbeschreibungen auch Zeitangaben auf, die uns heutigen Armbanduhrenträgern ganz unpräzise erscheinen und völlig unverständlich sind. So hieß es z.B. noch 1838: »Er legte binnen 72 Minuten den ¾ stündigen Weg vom letzten Hause vor dem Grimmasche Thor bis Alt-Sellerhausen dreimal hin und her zurück ...«.[15]

Die Strecke wurde nicht in Metern oder Kilometern gemessen, sondern in der Zeit die ein durchschnittlicher Fußgänger im Schrittempo zum Zurücklegen brauchte. Und auch damit nahm man es nicht sehr genau; man rechnete normalerweise in Wegstunden, auf die Minuten kam es noch nicht an. Das bedeutet, das Publikum, das um 1840 einem Kunst-Schnell-Lauf zusah, hatte noch gar keinen Begriff von (abstrakter) Zeit. Wenn auch, wie meist, der Augenschein fehlte, konnte die gebotene läuferische Leistung gar nicht beurteilt werden. Nach dem Start gerieten die Läufer bald aus dem Blick und man sah sie erst wieder, wenn sie keuchend und abgehetzt zurückkehrten. Zwischendurch verging für die zurückbleibenden Zuschauer die Zeit irgendwie; meist wurde sie ihm durch Blasmusik vertrieben, falls sie es nicht, wie bei den Mailäufen im Prater vorzogen, gleich sich nach dem Start zu anderen Vergnügen zu trollen. Heute ist es genau andersherum: man würde eher den Start eines Marathonlaufes als den Einlauf in die Zielgerade versäumen.

Läuferische Leistung war noch nicht auf Geschwindigkeit reduziert; als Mensen Ernst bei seinem Lauf im Wiener Augarten das selbst gesteckte Ziel, die Strecke in 76 Minuten zu durchlaufen, nicht erreichte, kommentierte der Zeitungsberichterstatter: »Bei dieser Production [ist] die außerordentliche physische Kraftentwicklung mehr ein Gegenstand der Aufmerksamkeit [...], als das Anlangen am Ziele nach der angegebenen Minute.«[17]

Die Begeisterung, die heute das Brechen von Geschwindigkeitsrekorden begleitet, war gänzlich unbekannt, denn es gab noch keine Rekorde, die man hätte brechen können. Ja, beinah könnte man sagen, das Biedermeier der Postkutsche wußte nicht einmal, was Geschwindigkeit überhaupt war. Mit Zehntelsekunden als Maßeinheit operierten bestenfalls Physiker, und Hundertstelsekunden, heute jedem sportbegeisterten Schuljungen ein Begriff, waren nicht einmal meßbar, sondern ausschließlich rechnerische Größen. Das Publikum konnte sich von Geschwindigkeit keinen Begriff machen. Es ließ sich allein von der Strecke beeindrucken, die jemand von Paris nach Moskau gelaufen war, und nicht davon, wie lange der Läufer dazu gebraucht hatte. Hauptsache war, daß er sein Ziel erreichte, und, wenn es ein Wettlauf zwischen mehreren war, daß er es als erster erreichte.

Das Interesse an der läuferischen Leistung, so wie wir heute Leistung verstehen, gemessen in einer abstrakten Zahl, »stand damals noch [schreibt der Sporthistoriker Hennig Eichberg über den englischen »Pedestrianism« des 18. Jahrhunderts] ganz im Schatten des Vergnügens am Wettbewerb als solchem, am Sieger als Person und insbesondere an der Wette.«[18]

Es war vor allem das Wetten (oft um gewaltige Summen), das die präzise Leistungsmessung in Gebrauch brachte, denn die Wetter wollten nicht betrogen werden. Solange mehrere Läufer an den Start gingen, war es einfach zu entscheiden, wer die Wette gewonnen hatte. Sobald sich aber kein gleichwertiger Konkurrent fand, d.h. sobald es um die Bewertung der Leistung nur eines Läufers ging, mußte ein anderer Maßstab gefunden werden. Der Gegner, gegen den die Läufer jetzt antraten, war die Zeit.

Schon um 1733 sollen Rennen in Sekunden gemessen worden sein, aber das dürfte auch im fortschrittlichen England eher ein vereinzelter Versuch als der Beginn der exakten Zeitmessung gewesen sein. Der Gebrauch von Stoppuhren kam erst im 19. Jahr-

Mit Hoher Obrigkeitlicher Bewilligung
wird
Sonntag den 8ten Juni 1852
Wilhelm Wohlgemuth aus Lübeck,
wenn das Wetter es gestattet,
einen

Schnell-Lauf

im Ritterkostüm, auf dem Damm von der Schleuse bis Herrn Tomaschewsky und dann bis zu Röthing, veranstalten, und 4 Werst in 12 Minuten rück- und vorwärts laufend zurücklegen.

Kassenöffnung um 3 Uhr; der Schnell-Lauf beginnt um 5 Uhr.

Entrée nach Belieben.

Ein hoher Adel und Ein verehrtes Publikum wird um recht zahlreichen Besuch höflichst gebeten.

hundert auf. Es galt, das technische Problem des gleichmäßigen Laufs von Uhrwerken zu lösen. Babbage, der Erfinder des Computers, konstruierte 1835 eine gleichlaufene Uhr, bei der Ablauf und Ziel durch einen Stoppknopf, der einen Tintenstrich auf einer Scheibe markierte, gemessen werden konnte.[18]

Doch ursprünglich lag das Problem nicht in der reinen Zeitmessung, noch weniger in der Abmessung der zu durchlaufenden Strecke. Schwierig war die – abstrakte – Relation von Zeit zu Strecke zu begreifen. In einer noch weitgehend agrarisch organisierten Welt, die nach jahreszeitlichen Rhythmen lebte, bedeutete die Zeiteineinheit »Sekunde« gar nichts.

Wie schwer es noch um die Mitte des 18. Jahrhunderts selbst denen fiel, die sich intensiv darum bemühten, die Geschwindigkeit eines Läufers, die läuferische Leistung zu begreifen und zu berechnen, zumal wenn sie weitab vom britischen Wettfieber in der deutschen Provinz lebten, zeigt das Beispiel des Göttinger Gelehrten A. G. Kästner. Zur Grundlage seiner Berechnungsversuche machte er Meldungen über englische Laufveranstaltungen, die er dem *London Chronicle* entnahm, und zunächst ausführlich zitierte:

»Gestern unternahm des Grafen von March Läufer, für eine ansehnliche Wette, von der Rochesterbrücke nach der Westminsterbrücke zu laufen, welches 30 Meilen ist. Man verstattete ihm dazu drey Stunden und ein Viertheil, er verrichtete es aber in zwey und einer halben Stunde, welches 12 Meilen auf die Stunde beträgt, und für etwas sehr außerordentliches gehalten wird. Der Läufer ist ein Schweizer, ohnegefähr 5 Fuß, 10 Zoll hoch, 30 Jahre alt.«

Um herauszufinden, was »sehr außerordentlich« war, mußte Kästner zunächst von den äußeren Umständen, der Beschaffenheit des Weges, der Witterung, Alter und Körpergröße des Läufers etc. abstrahieren. Das fiel noch ihm relativ leicht, weil er nie in London gewesen war, die Strecke also vom eigenen Abgehen nicht kannte, und auch nicht wußte, ob es an dem betreffenden Tag vielleicht besonders heiß oder schwül gewesen war. In diesem Punkt war er gegenüber dem direkten Zuschauer im Vorteil, der sich seinerseits ein ganz konkretes, alle Umstände miteinschließendes – aber eben nicht mathematisches – Urteil über die Leistung bilden konnte. Dann versuchte Kästner die Leistungen verschiedener

Läufer mit einander zu vergleichen, wobei die nächste Schwierigkeit auftrat, daß die Laufstrecken nicht genormt waren, d.h. die verschiedenen Läufer der verschiedenen Berichte über verschieden lange Strecken gelaufen waren. Kästner rechnet daher umständlich die Geschwindigkeit eines Läufers pro Minute aus und vergleicht sie mit der eines anderen Läufers. Damit wußte er zwar, daß der eine Läufer schneller als der andere war, aber da ihm das wieder gar nichts sagte, fiel ihm »noch ein, die Geschwindigkeit des Läufers [von Graf March] mit der Geschwindigkeit der Post zu vergleichen. Das läßt sich so am kürzesten durch eine Kettenregel bewerkstelligen: Es verhalte sich die Geschwindigkeit des Läufers [von Graf March] zum Lambs [einem anderen Läufer] = $\frac{1}{5} : \frac{15}{46}$

Lambs zur Post	=	10	:	3
Des Läufers zur Post	=	10/5	:	13/46
	=	2	:	45/46

Der Läufer war also ohngefähr noch einmal so geschwind, als die Post«. – Was wiederum uns heute nichts mehr sagt.

Nachdem der Mathematiker Kästner dies am Schreibtisch ausgerechnet und abstrakt geklärt hatte, holte ihn umgehend die schnöde Alltäglichkeit wieder ein: nicht nur daß (wie die nachgetragenen Verbesserungen zeigen), dem Setzer das Ganze so sehr Kauderwelsch war, daß die Berechnungen von sinnentstellenden Druckfehlern nur so wimmeln, auch der Herausgeber des *Neuen Hamburgischen Magazins*, in dem Kästner seine Berechnungen der Öffentlichkeit bekannt machte,verstand offenbar nicht, worauf der Artikel *Über die Geschwindigkeit eines Läufers* hinaus wollte, so daß der Göttinger Gelehrte auch mit diesem »ganz unmathematischen Verbesserer« zu kämpfen hatte, und schließlich resiginiert seine Bemühungen aufgab.[20]

Im deutschen Reichsgebiet gab es bis zur Einführung des metrischen Systems (1872) eine Fülle unterschiedlichster Längenmaße, allein mindestens 9 verschiedene Meilen, die zwischen 7,42 bis 9,6 km lang waren, ganz zu schweigen von den kleineren Einheiten wie Fuß, Rute, Klafter, Elle, Schritt, deren Länge ebenfalls von Staat zu Staat differierte. Diese verwirrende Vielfalt erschwerte die Herausbildung des uns heute so selbstverständlichen Denkens in Verhältnissen und Bezugsgrößen beträchtlich.

Die für die moderne Vorstellung von Geschwindigkeit so notwendige Angabe der abstrakten (Uhr-)Zeit und der abstrakten

Strecke, angegeben in festen Maßeinheiten, wurde erst ab der Mitte des 19. Jahrhunderts allmählich zu einer begreifbaren Relation. Möglich wurde das durch den Ausbau und die Vermessung der Straßen und dadurch, daß Postkutschen und Eisenbahnen[21] ihre Tarife nach zurückgelegter Wegstrecke berechneten (nur so konnten die Investitionen für neue Trassen auf die Fahrgäste umgelegt werden). Entfernungen wurden nun an den Kosten für eine Fahrkarte deutlich und prägten sich ein.

Die Vorstellung von Zeit aber blieb, besonders bei kürzeren Strecken, die nicht in Stunden oder Tagen gemessen wurden, recht verschwommen. Das ist der Grund dafür, daß, wie die Zeitungen berichten und die Anschlagzettel zeigen, die Schau-Schnell-Läufer Uhren mit riesigen Zifferblättern mit sich führten: damit rückten sie ihren Zuschauern nachdrücklich und anschaulich die Relation von verflossener Zeit und zurückgelegter Strecke vor Augen. Erst ein Publikum, das so gelernt hatte, läuferische Leistung im Verhältnis von Zeit zu Strecke zu begreifen, konnte sich zu einem sach- und fachkundigen Sportpublikum entwickeln.

Lebenslauf V
»Fritzäh, halte dir nich uff!« Der Schnelläufer Fritz Käpernick

Ein echtes Großstadtkind

Einer der letzten ganz großen aus der in der zweiten Hälfte des 18. Jahrhunderts aussterbenden Garde der Berufs-Schau-Läufer war Fritz Käpernick aus Berlin. Zugleich war er aber auch einer der ersten Sportläufer im eigentlichen Sinn, kein ehemaliger herrschaftlicher Laufer, kein Gemeindebote oder Jahrmarktsartist, sondern ein echtes Großstadtkind, einer von jenen jungen Männern, die in den jetzt aller Orten, vor allem in Arbeitervierteln entstehenden Turnvereinen und Athletenclubs zu ihrem Freizeitvergnügen trainierten, und nur durch Zufall berühmt wurden, um dann ihre Berühmtheit als Profisportler auszumünzen.

Und berühmt war Fritz Käpernick ganz sicher. Noch 30 Jahre nach seinem Tod war der Spruch »Der rennt wie Käpernick« eine

Fritz Käpernick
Holzstich (1880)

gängige Redewendung. Die *Illustrierte Zeitung* – der *Stern* von damals – widmete ihm 1881, auf dem Höhepunkt seiner Karriere einen umfangreichen (zunächst die Geschichte des Laufsports resümierenden) Artikel:

»Zu allen Zeiten hat es Männer gegeben, die sich durch die Fähigkeit, schnell und dauernd zu laufen, berühmt gemacht haben. Die Uranfänge der Post, bzw. Nachrichtenbeförderung, liegen in dem Schnelläuferthum, bei den classischen Völkern wurden die Sieger im Wettlauf ebenso bekränzt wie Ringer und Faustkämpfer, bis in die neuere Geschichte ließen fürstliche Häupter vor ihren Wagenpferden Menschen rennen, auf Jahrmärkten, Vogelschießen und anderen Volksfesten ›arbeiten‹ noch jetzt ihre buntgekleideten Individuen, die wegen ihrer Ausdauer im Laufen ebenso bewundert wie um die angeblich ausgeschnittene Milz lebhaft bemitleidet werden. Unter den neuern menschlichen Rennern hat sich Fritz Käpernick in Berlin in einer Weise ausgezeichnet, daß sein Name weit über die Grenzen Deutschlands gedrungen ist und vorzüglich in England einen guten Klang hat.

Käpernick ist 1857 in Königsberg-Neumark geboren, kam, da er den Vater verloren, zeitig nach der Residenz und ist ein echtes Berliner Kind, schlagfertig im Witz, energisch im Wollen, humorvoll in allen Lagen des Lebens. Das erste Zeichen des unverfälschten berliner Jungen gab Käernick beim Ausbruch des deutsch-französischen Krieges 1870. Obgleich erst 13 Jahre alt, ›riß er einfach aus‹, mischte sich unter die ausmarschirenden Gardetruppen, tauchte jenseits des Rheins wieder auf und blieb während des ganzen Kriegs bei einem Krankenträgercorps, wo er sich durch sein dienstfertiges und flinkes Wesen unentbehrlich zu machen wußte. Zurückgekehrt, wurde er Maurer, turnte fleißig und zeichnete sich in den gymnastischen Spielen stets da aus, wo es auf die Schnelligkeit und Ausdauer der Beine ankam. Ohne noch eine rechte Ahnung von seinen außerordentlichen Fähigkeiten zu haben, las Käpernick an den Litfaßsäulen den öffentlichen Aufruf eines berühmten Schnelläufers namens Stief, der jedem ihn besiegenden Concurrenten 300 *M* bot. [Einen Läufer Stief hat es lt. der *Allgemeinen Sportzeitung* 1881 nie gegeben, vermutlich handelt es sich bei seinem Gegener um den damals recht bekannten Schauschnelläufer Stephan Richter, der diesmal in werbewirksamer englischer ›Verkleidung‹ auftrat.][22] Es war an einem heißen Sommertag (August 1876), als Käpernick, eigentlich mehr von der genannten Summe als vom Ehrgeiz gelockt, den Kampf aufnahm und unter frenetischem Jubel der Berliner als Sieger daraus hervor ging. [Und in wenigen Stunden mehr Geld gewonnen hatte, als er mit seiner Arbeit als Maurer, die damals mit einem Taler pro 12stündigem Arbeitstag bezahlt wurde, in zwei Monaten hätte ehrlich verdienen können.][23] Von jenem Zeitpunkt beginnt seine glänzende ›Laufbahn‹, denn bis heute ist er, wenn es nicht während des Drucks dieser Zeilen geschehen sein sollte, in Deutschland und England weder von Mensch noch Pferd besiegt worden.«

Goldene Medaillen

»Nachdem Käpernick außer manchen ›Kleinigkeiten‹ den Schweden Johannsen im Volksgarten (Gesundbrunnen) und den Dänen Dehnert aus Kopenhagen in Schloß Weißensee im Schnellauf geschlagen, mußte er seine bunte Läuferjacke mit des Königs Rock vertauschen und trat 1878 in die 5. Compagnie des Kaiser-Franz-Gardegrenadierregiments in Berlin. Natürlich hatte er als Soldat vielfach Gelegenheit, seine Kunst im Interesse des Dienstes zu verwerthen, während des Manövers und bei Felddienstübungen rannte er mit Depeschen meilenweit oder trabte direct in das ›feindliche Gebiet‹, um zu spionieren. Da der Dauerlauf zu den militärischen Uebungen gehört, so gab das Offizierscorps dem schnellen Grenadier oft Veranlassung, seine Kraft zu zeigen; es wurden Wetten gemacht, die Käpernick manches hübsche Sümmchen einbrachten. Selbstverständlich durfte seine Schnelläuferei nicht mit der Strenge der Soldatenpflichten collidiren; als er in einem Wettkampf mit dem Engländer Mr. Freeman an 6 Tagen jeden Nachmittag von 2 bis 11 abends gerannt war, hatte er 270 englische Meilen [ca. 434 km in 54 Stunden], dazwischen Dienst gethan, 9 Pfund an Körpergewicht verloren, 1000 *M* gewonnen und aus bestimmten Gründen – 3 Tage Mittelarrest obenein bekommen.

Bedeutsam war die Reise Käpernick's als Soldat nach London. Hier kämpfte der preußische Grenadier in feldmarschmäßiger Ausrüstung (Tornister, Mantel, Gewehr, Patronentasche etc.) mit einem englischen, um 15 Pfd. leichter adjustirten Soldaten und schlug ihn glänzend; in verschiedenen andern Wettläufen mit den renommirtesten Briten blieb er stets Sieger und heimste enorme Summen ›Pfunde‹ nebst goldenen Medaillen ein. Eine riesige Leistung bleibt für alle Zeiten jenes Rennen von 6 Tagen und 6 Nächten, während welcher Käpernick außer den kurzen Momenten des Essens etc. nur 45 Min. dem Ausruhen widmete; allerdings betrug die erlaufene Meilenzahl 599 [958,4 km], 33 mehr als der beste der 9 englischen Concurrenten. Nach Berlin zurückgekehrt, besiegte er wiederholt James King, unternahm, stets zu seinem Vortheil Wettläufe mit Pferden (Trabern), machte Spazierläufe nach Stettin, rannte in 1 St. 30 Min. nach dem 4 Meilen [deutsche Meilen = 30 Km (!)] entfernten Potsdam, die begleitenden Offiziere weit hinter sich lassend, und besiegte zuletzt das Rennpferd Alice, wobei 8800 mtr. in 32 Minuten und 40maligem Umlauf abgearbeitet wurde.[24]

Seit seinem Besuch in England hat sich Käpernick den strengen Bestimmungen und Vorschriften in Bezug auf körperliche Pflege und Schulung unterworfen, die bekanntlich in dem Lande des Sports für jeden Läufer und Boxer mit dem heiligsten Ernst beobachtet werden. Des Morgens von 5 bis 6 Uhr ›studirt‹ er auf einem großen Exercirplatz, lebt äußerst mäßig, enthält sich aller Spirituosen und sucht sich systematisch in seiner Kunst zu vervollkommnen.

Von schlankem, aber muskulösem Körperbau, der nach ärztlicher Inspection eine äußerst leistungsfähige Lunge enthält, gleicht Käpernick während des Laufes einer durch die Wüste dahinsausenden Gazelle. Seine Popularität bei der berliner Bevölkerung dürfte manchen berühmten Mann mit Neid erfüllen; wo er sich, stets geschmückt mit fünf Ordensbändern, sehe läßt, folgt ihm die fröhliche Straßenjugend unter Hurrahgeschrei: während des Concurrenzlaufens in den größern Etablissements begleitet ihn das nach Tausenden zählende Publikum mit sympathischen Zurufen, um ihn anzufeuern: ›Fritze, immer druff!‹, ›Altes Haus, laß dir nich schmeißen!‹, ›Fritzäh, halte dir nich uff!‹ und ähnliche gut gemeinte Jauchzer. Möge dem leichtfüßigen deutschen Mann in einem weiteren Lebenslauf der Sieg stets an die Sohlen geheftet bleiben.«[25]

Seine Beliebtheit hielt in Berlin nicht lange vor: Im September 1881, wenige Wochen, nachdem der ihn in ganz Deutschland bekanntmachende Artikel der *Illustrierten Zeitung* erschienen war, gab Käpernick eine Vorstellung im Union-Skating-Rink in der Berliner Hasenheide. Er lief zunächst eine englische Meile [1600 m]

Käpernicks Wettlauf mit dem Rennpferd *Gauklerin*
im Zoologischen Garten Leipzig.
Holzstich (1881)

»Von schlankem, aber äußerst muskulösem Körperbau, prächtig gewölbtem Brustkasten, der nach ärztlicher Inspektion eine äußerst leistungsfähige Lunge enthalten sollte, glich Käpernick während des Laufes einer durch die Wüste dahinsausenden Gazelle.«

Signor Saltarino

»Professor Kirchhof aus Halle, der Käpernick eingehend untersucht hatte veröffentlichte in einem Vortrag das Ergebnis: Größe 173 cm; Brustumfang 88 cm; vorzügliche Lunge, selbst nach schwersten Anstrengungen zählte der Puls nur 116 [Schläge] in der Minute; Wadenumfang 34 cm, Oberschenkel 48 cm an der breitesten Stelle. Käpernick hatte, wie ausdrücklich betont wird, keine herkulische Statur und einen auffallend kleinen Kopf, ›der guten Berliner Mutterwitz beherbergt‹. Käpernick lebte mäßig, war aber durchaus kein Alkoholgegner.«

Sport im Bild (1911)

in 3 Minuten 45 Sekunden; daran schloß sich, nach kurzer Pause, ein Grenadier-Lauf über drei englische Meilen in feldmarschmäßiger Ausrüstung an, wobei er während des Laufens mit Platzpatronen feuerte. Kurz vorm Ziel, das er in 14 Minuten 30 Sekunden erreichte, stürzte Käpernick und verletzte sich am Knie. Als dritter Lauf sollte programmgemäß ein sogenanntes Championat ausgetragen werden. Kurz vor Beginn der Veranstaltung hatte Fritz Käpernick erklärt, er würde zu diesem Lauf nur starten, wenn seine Herausforderer eine bestimmte, nicht unbeträchtliche Summe deponirten, die am Ende dem Sieger zufallen sollte. Da seine Gegner soviel Geld nicht hatten, begann er allein mit seinem üblichen Programm. Als das Geld endlich beschafft worden war, war Käpernick gerade gestürzt und weigerte sich, seiner Verletzung wegen, anzutreten. Die Folge war ein Mordsspektakel, bei dem es sowohl zwischen den Läufern als auch unter dem Publikum fast zu Tätlichkeiten kam.

Bevor seine Popularität in Berlin noch mehr Einbußen erleiden mußte, zog es Käpernick vor, seinen Ruhm geschickt ausnützend, auf Kunstreise durch die größeren Städte des Deutschen Reiches zu ziehen. In Juli 1881 lief Kapernick in Leipzig. Dort zeigte er zunächst einen Grenadierlauf, wobei er die 320-Meter-Bahn neunmal (= 2880 m) in 11 Minuten umkreiste. Nach dieser Leistung zog er sich um und erschien kurze Zeit später im Trikot, um wieder einmal gegen ein Rennpferd anzutreten, das von einem Jockey geritten wurde. Die Strecke ging über 20 Bahnrunden (= 6400 m). Bis zur 18. Runde blieben Pferd und Läufer dicht beisammen, dann setzte Käpernick zu einem kräftigen Endspurt an und passierte das Ziel mit 10 Sekunden Vorsprung in genau 24 Minuten.

Die mondäne Sportzeitung *Sport im Bild*, die 1911 diese Leistungen Käpernicks nach zeitgenössischen Presseberichten referierte, konnte sich an dieser Stelle nicht eines Kommentars enthalten: »Selbstverständlich können nicht alle diese Angaben richtig sein; so ist es unmöglich, daß ein Mensch im Wettlauf mit einem Pferde Sieger bleibt. [...] Zum Vergleich sei bemerkt, daß Red Girl III im Vorjahre [1910] das Karlshorster Parforce-Jagd-Rennen, das über eine deutsche Meile [7,5 km], über die schwersten Sprünge und durch den Karlshorster See führt in 11 Minuten 49 Sekunden gewann; die siebenjährige Stute Herda trabte im letztjährigen Deutschen-Meilen-Rennen in Ruhleben 7500 Meter in 12 Minuten 9 ½ Sekunden. Käpernick dagegen brauchte zur Zurücklegung der

6400 Meter volle 24 Minuten. Auch Käpernicks oben erwähnte Zeit für die englische Meile (3:45) ist selbstverständlich mit starken Zweifeln anzusehen.«[26]

Das Wettrennen mit Pferden gehörte fortan – so verlangte es das zahlende Publikum – zu seinem Standardrepertoire. So auch in Halle, der nächsten Station seiner »Kunstreise«. Hier zeigte sich Käpernick in bester Form. Gleich am ersten Abend seines mehrtägigen Gastspiels im Gartenrestaurant Freyberg umkreiste er die dort eigens für ihn aufgeschüttete 210 m lange Bahn zunächst zwölfmal »zur Probe«, um gleich anschließend einen Lauf über 45 Runden (= 9450 m) zu beginnen, die er in 30 Minuten zurücklegte. Bei seinem zweiten Start lief er 15 Runden (ca. 3150 m) in 9 Minuten und stellte sich anschließend einen Wettrennen mit dem Merseburger Rennpferd »Tiger« über 40 Runden. »Der Reiter holte alles aus seinem Pferd heraus, mußte sich aber nach 23 ½ Minuten mit ca. 70 Meter geschlagen bekennen. Nach diesem Sieg leistete sich Käpernick noch zwölf Runden [ca. 2520 m] in acht Minuten.«[27]

Die Berichte über Käpernicks Laufleistungen ließen das Interesse am Schau- und Kunstlaufen, das in den Jahren zuvor immer mehr aus der Mode gekommen war und nur noch auf Provinz-Jahrmärkten ein kümmerliches Nachleben fristete, gewaltig aufleben.

In Wien hatte am 7. August 1881 nach Käpernicks Vorbild ein Wettlauf zwischen dem »Lokomotivmann« Bargossi und dem Reitschulinhaber Tippelt stattgefunden.[28] Jetzt wurde der Star selbst eingeladen. Schon wie er nach Wien kam, war spektakulär genug: er veranstaltete einen Distanzlauf von Berlin nach Wien, bei der er die Strecke angeblich in drei Tagen und 16 Stunden zurücklegte, und sich dabei nur von 11 bis 13 Mittags und von 23 bis 1 Uhr Nachts Ruhe gönnte.[29] In Wien kündigte er dann für den 21. August 1881 ein großes Schaulaufen im Prater rund um die große Weltausstellungsrotunde herum an. Nachmittags um 4 Uhr umrundete Käpernick in voller Grenadierausrüstung die Rotunde 20mal, was etwa einer Strecke von 4000 m entsprach. Nach einer Pause von einer Stunde konkurrierte er dann mit dem Wiener Lokalmatadoren Jiraczek und dem Hamburger Schnelläufer Ryck über 8000 m. Um 6 Uhr folgte dann der Wettlauf zwischen Käpernick und dem Rennpferd Neckar, geritten von Karl Richter; selbstverständlich blieb Käpernick, wie nicht anders zu erwarten, in allen Konkurrenzen Sieger.[30]

Nur die *Allgemeine Sportzeitung* in Wien, die (im Gegensatz zu den deutschen Turnzeitschriften, die schon das Wort *sport* tunlichst vermieden) sich ganz dem englischen *sport* widmete, versuchte gegen den »allgemeinen Jubel« über Käpernicks Leistungen Front zu machen: »Seit Wochen wurde für diesen Läufer in den Tageblättern die Reclametrommel gerührt, aber leider in einer Weise, die den Fachmann von Vorneherein mißtrauisch machen mußte. Wurde doch in diesen Reclamen so fingerdick gelogen, daß es schon zu greifen war, und wurden dem guten Manne doch Records angedichtet, daß jedem halbwegs Denkenden sofort die Unmöglichkeit derselben klar werden mußte. So entblödete man sich nicht, dem Publium aufzutischen, Fritz Käpernick habe einmal in England eine englische Meile ›einige Secunden (!) unter drei Minuten‹ (!!!) durchlaufen, er habe zehn englische Meilen in vierzig Minuten zurückgelegt, er habe in einem Sechstage-Rennen 599 Meilen gemacht und dabei im Ganzen nur 45 Minuten gerastet (!) u.s.w.« Zur Korrektur zählt die Zeitschrift dann die offiziellen englischen »Records« auf:

– 1 Meile in 4:17:5 Minuten, gelaufen von W. Richards und W. Lang in einem toten Rennen 1863 in London.
– 10 Meilen in 51:26 Minuten, gelaufen 1863 von L. Bennett.
– Das Sechs-Tage-*go-as-you-please*-Laufen 1881 gewann Robert Vint im Madison Square Garden mit 578 Meilen, 605 yards in 141 Stunden, bei 28 Stunden 44 Minuten und 39 Sekunden Rast.

»Alle drei obige *records* des Herrn Fritz Käpernick [...] sind also – Humbug, insbesondere aber die Meile in 3 Minuten, wie die 10 Meilen in 40 Minuten einfach *lächerlich*. Unter solche Gedanken betraten wir Sonntags die *Neue Welt*, eine Restaurationsgarten in Hietzing, woselbst Herr Fritz Käpernick auftreten sollte. Beim Eintritt erhielten wir für 10 kr. einen Zettel, der, nebst der wichtigen sportlichen Mitteilung, daß das Glas Bier 10 kr. koste und nebst dem Speisentarif, bezüglich des Helden des Tages folgendes gänzlich unsportliche bombastische *Programm* enthielt:

Zum ersten Male: Auftreten des weltberühmten, preisgekrönten, noch nie übertroffenen Schnelläufers Fritz Käpernick aus Berlin, Grenadier des Garde-Grenadier-Regiments Kaiser-Franz-Josef I, und zwar: Um 5 Uhr Erstes Rennen des Herrn Fritz Käpernick mit dem siebenjährigen Max Käpernick. Um sechs Uhr: Zweites Ren-

nen des Herrn Fritz Käpernick, großer Schnell- und Dauerlauf, 10 englische Meilen in 40 Minuten. Um 8 Uhr: Drittes Rennen des Herrn Fritz Käpernick mit dem siebenjährigen Max Käpernick. Um 9 Uhr: Viertes Rennen des Herrn Fritz Käpernick, großer Schnell- und Dauerlauf, 10 englische Meilen in 40 Minuten. NB. Die Laufbahn im Hauptparterre der Neuen Welt *ist mit Pfählen und Fahnen abgesteckt und hat einen Umfang von 220 Meter.*

[...] Der beschränkte Raum gestattet uns leider nicht, uns mit den einzelnen ›Rennen‹ des Herrn Fritz Käpernick eingehender zu beschäftigen, und zwar umsoweniger, als dieselben bei dem gänzlichen Mangel eines sportlichen Arrangements gar keinen sportlichen Werth haben. Der Start, die Controlle, die Zeitmessung etc., alles das besorgten ein paar Figuren, wie man solche in Berliner Tingl-Tangls häufig sieht und die in dem unverfälschten Tone des Berliner Janhagels Jeden blau anlaufen ließen, der einen Zweifel [...] laut werden ließ. [...] Wir werden nach dem Vorgeschilderten wohl kaum mehr auf die Leistungen dieses Läufers zurückkommen, aus dem die Reclame eine Art Phänomen machen möchte, der aber in England sich nicht einmal mit Läufern dritter Classe messen könnte. Wir haben uns mit der Sache eingehender beschäftigt, als dieselbe an sich werth ist, weil wir nachgerade unverschämt gewordenen und hart an Schwindel streifenden Ausposaunungen nie dagewesener Records und nie möglicher Leistungen einen Riegel vorschieben wollen, da ein solches Gebahren einmal nachdrücklich gebrandmarkt werden muß.«[31]

Trotz dieser harten Kritik machte Käpernicks Veranstaltung das Schaulaufen auch in Wien wieder populär. Im September 1881 lief Bargossi gegen den Dienstmann Nr. 663, Alois Peter, über 11 km, wobei er Peter als Nichtprofi 400 Meter Vorsprung gewährte, ihn dann aber nach 42 Minuten 31 Sekunden um 500 Meter überrundete. Ein paar Tage später lief Bargossi mit dem Radfahrer Brömer über 5 km um die Wette und siegte mit 10 Schritten Vorsprung.[32]

Käpernick war zu diesem Zeitpunkt schon längst nicht mehr in Wien, sondern tingelte auf einer offenbar gut organisierten Tournee durch Deutschland. Anfang 1882 gastierte er im Rheinland. Nach Köln und Bonn (hier überholte er angebliche eine Personenzuglokomotive)[33] kam er auch nach Koblenz:

»Während des Hauptlaufs [schreibt ein Koblenzer Berichterstatter, von Käperniks Auftreten am 13. April 1882 im Garten des Schützenhofs] rauchte, aß und trank er je 5 Minuten lang, was eigentlich nicht zur Sache gehörte, sich auch nicht schön ansah, aber für's große Publikum berechnet schien. Das jeweilige Schreitbein wurde während des Laufens im oberen Schenkel bis ungefähr 10 Grad über wagerecht vorwärts, im unteren Schenkel bis ungefähr 25 Grad über wagerecht rückwärts gehoben; auffallend war für den genauen Beobachter die ruhige Haltung des Beckens und der Hüften, während Brust, Hals und der ein wenig in die Höhe gehobene Kopf sich verhältnismäßig in etwas stärkerer sichtbarer Mitleidenschaft befanden. Beim Auftreten berührten die Ballen der Fußsohlen zuerst die Erde, dann folgten die Zehen und zuletzt die Fersen; das Abtreten geschah mit Sohlen und Zehen gleichzeitig; die Länge der Schritte waren, aus der Mitte des Auf- und Abtretens gerechnet, beim zeitweiligen langsamen Laufen 5, beim schnellen fast 6 Fuß rheinl. Maß. Nur der rechte, etwas gehobene Arm unterstützte durch Flügelbewegung das Fortkommen, den linken ließ er unthätig herabhängen. Nach beendigter Arbeit war Käpernik doch stark in Schweiß und hatte 140 Pulsschläge in der Minute. Für die Dauer des Laufes trug er Strickkleidung mit offener Brust, was ästhetisch angelegte Naturen etwas verletzen dürfte, und bloße Kniee, Lederschuhe, deren dünne Sohlen auf ihrer Außenseite mit je drei hintereinanderstehenden, viertelzoll langen, starken, konisch zulaufenden Stiften versehen waren, um das, wenn auch nur wenige, Zurückrutschen beim Abtreten zu verhüten. Ein achtjähriger Knabe, Max Käpernik, lief die oben erwähnte Bahn [von 540 Fuß Länge] 11 mal in 12 Minuten [1782 m : 12 min.]. Die nächsten Ziele seiner Reise sollten Mainz, Frankfurt a.M. und Paris sein.«[34]

Im Juni 1882 gastiert Käpernick in Düsseldorf. »Die Direction des Zoologischen Gartens [hieß es in einem Zeitungsartikel] bietet schon wieder ein hochinteressantes Schauspiel; der weltberühmte und in allen Zeitungen und Journalen schon oft besprochene Schnell- und Dauerläufer Fritz Käpernick, der Berliner Soldat, wird sich uns in seiner noch nicht übertroffenen Kunst präsentieren«. Wieder geriet sein Auftritt zur Sensation: »Der Held des Tages in unserer schönen Düsselstadt war gestern unstreitig Fritz Käpernick«. Wegen des großen Erfolgs wurde die Veranstaltung wiederholt, wobei sich auch wieder Käpernicks Sohn als Schnellgänger produzierte.[35]

Ein fünfjähriges Siechtum

Noch im gleichen Jahr war Käpernicks Karriere jäh zuende. Bei einem seiner »Grenadier-Läufe« stürzte er so unglücklich, daß er ein Bein brach und sich den Repetierhebel des Gewehrs gegen die Brust schlug. Als Folge des heftigen Stoßes traten Lungenblutungen ein. Käpernick konnte nicht mehr laufen, das Publikum vergaß ihn. Jahre später, inzwischen war das Laufen vorallem durch die Leistungen der englischen Läufer, auch unter deutschen Turnern populärer geworden, erinnert man sich wieder an den einst gefeierten Läufer.

»Fritz Käpernick, diesen bekannten berliner Schnelläufer werden viele unserer Leser auf der Rennbahn gesehen oder mindestens vor Jahren von ihm gehört oder gelesen haben,« schrieb ein Redaktionsmitglied der Zeitschrift *Der Turner*, der ihn Anfang 1887 besuchte hatte. »Der so oft bewunderte und gefeierte, noch im besten Alter stehende Mann siecht jetzt an einer unheilbaren Lungenkrankheit dahin und ist bereits seinem Ende nahe. Von allen den reichen Einnahmen und Geschenken, die ihm vor Jahren zuflossen, ist ihm fast nichts geblieben; er bewohnt jetzt in der Reichenbergerstraße in Berlin eine bescheidene Wohnung, in deren einzigem Zimmer er während des Tages in einem mit Betten ausgelegten Korbsessel am Fenster sitzt. Der unverwüstliche Läufer von ehedem, ist durch ein fünfjähriges Siechtum zum Schatten herabgekommen, das Gesicht ist von einer durchsichtigen Blässe, der Körper abgemagert, das Auge hat einen unnatürlichen Glanz. [Er] hat sich jedoch eine gewissen Humor bewahrt, sodaß er u.a. in der Unterhaltung äußerte: ›ich bin so schnell durchs Leben gelaufen, und muß so langsam zur letzten Ruhestätte schleichen.‹«[36] Fritz Käpernick starb wenige Wochen nach diesem Interview im Februar 1887.[37]

Der Turner, so mitfühlend er in seinem Bericht auch Käpernicks Partei ergriff, konnte seinen Leser allerdings nicht verschweigen, daß der professionelle Schauläufer »von den Herren ›Sportsmen‹ sehr über die Achsel angesehen wird«. Aber »wir schlagen es weit höher an, wenn ein Dauerlauf auf staubiger Landstraße unter erschwerenden Umständen, oder in Uniform mit vollem Marschgepäck ausgeführt wird, als wenn *›ein Professional‹ im denkbar leichtesten und bequemsten Tricotanzuge auf glattgeschaufelter Bahn im Kreislauf frühere ›Records‹* um einige Sekunden verbessert. –

Leider ist auch Käpernick zuletzt, als er, durch die Erfolge gereizt, aus dem Laufen ein Gewerbe machte, in den alten Fehler verfallen; er wurde übermütig, machte, um viel Zuschauer anzulocken, in schwindelhafter Weise Reklame, die natürlich ins richtige Licht gestellt wurde, und verscherzte sich so leichtsinnig die Gunst des Publikums.«[38]

6. Kapitel
Sportsmen

Auf Stelzen

»Ganz im Gegensatz zu der mit voller Dampfkraft vorwärts hastenden und diese selbst kaum mehr schnell genug erachtenden heutigen Welt scheinen manche Leute einen besonderen Reiz darin zu finden, sich bei ihren Reisen der wunderlichsten und keinesfalls schnellsten Fortbewegungsmittel zu bedienen. Bald hört man von ungeheuren, unter allerlei Gefahren zurückgelegten Fußtouren oder weiten Reisen zu Pferde, Wagen und mit dem Velociped, ja vor zwei Jahren machten zwei originelle Käuze die Reise von Wien aus zur Weltausstellung nach Paris sogar auf einem gewöhnlichen Schubkarren, auf dem sie einander abwechselnd fuhren ...«.[1]

Mit diesen Worten leitete die Leipziger *Illustrierte Zeitung* einen Artikel über den französischen Bäcker Sylvain Dornon ein, der 1891, nach dem er zuvor schon den Eifelturm auf Stelzen erstiegen hatte, nun auch von Paris nach Moskau auf Stelzen laufen wollte – in 42 Tagen:

»Am 12. März trat der kühne Bäcker ½ 10 Uhr morgens unter dem Jubelgeschrei der zahlreich versammelten Menge, von einer Schar ebenfalls auf Stelzen dahinschreitenden Gassenjungen umringt, vom Place de la Concorde in Paris aus seine abentheuerliche Wanderschaft an, und beim Einbiegen in die Rue Royale wurde das Gedränge so groß, daß die Polizisten dem alle Welt hoch überragenden Stelzengänger Raum schaffen mußten. Dornon hat sich seine 1,20 Mtr. hohen Stelzen, an denen zwei Lederriemen zum Anschnallen der Füße und Knie befestigt sind, selbst aus Tannenholz geschnitzt; aus Vorsicht führt er ein gleich hohes Paar mit sich, und aus Eitelkeit hat er ein drittes, weit höheres Paar vorausgeschickt, um darauf seinen triumphalen Einzug in Moskau zu halten. Er gedenkt durchschnittliche 50 Kilometer im Tage zurückzulegen, 7 Kilometer in der Stunde, ja 8, wenn es sein müßte. Sein Weg führt ihn über Reims, Sedan, Luxemburg, Koblenz, Berlin, Wilna nach der alten russischen Hauptstadt, wo er spätestens am 25. oder 26. April anzukommen hofft.«[2]

Kassel passierte der Stelzenläufer am 21. März frühmorgens, also noch gut in der Zeit.[3] Ob er sein Ziel Moskau tatsächlich und in der beabsichtigten Zeit erreichte, ließ sich nicht ermitteln.

Was Sylvain Dornon pressewirksam veranstaltete, war die geschäftstüchtige Fortsetzung einer Geschicklichkeit, die mit Spektakel oder gar Sport zunächst gar nichts zu tun hatte: In den »Les Landes«, einer sumpfigen Heidelandschaft in Südfrankreich, liefen die Hirten seit Jahrhunderten auf langen Stelzen. In einer Reisebeschreibung vom Ende des 18. Jahrhunderts liest man:

»[Wir erblickten] in der Ferne einige seltsame, neun bis zehn Fuß hohe Gestalten, die wie zweibeinige Pferde aussahen. Man sagte uns endlich, daß es Hirten auf Stelzen wären, deren sie sich des sumpfgigen Bodens allgemein zu bedienen pflegen. [...] Um nun diese Riesen näher kennen zu lernen, rief sie Herr L. in ihrem Patois an. Kaum hatten sie es gehört, als sie sich in Bewegung setzten, und mit unglaublicher Schnelligkeit herüber kamen. Herr L. machte uns auf ihre ungeheuren, funfzehn Fuß langen Stäbe aufmerksam, vermittelst derer sie über Gräben setzten, über die oft kein Pferd springen kann. Als sie näher gekommen waren, hatten wir die beste Gelegenheit, ihren sonderbaren Anzug zu besehen. Der eine trug eine Art Dollman, aus Schaaffellen gemacht, eine rothe Weste, gelbe Beinkleider, und das gewöhnliche platte Bauernbaret. Dazu kamen Gamaschen von Lämmerfellen, hier Camanos genannt, die mit rotem Bande zugeschnürt waren, doch so, daß der vordere Theil des Fußes, vom Knöchel an, völlig unbedeckt blieb. [...] Der zweite trug eine Mütze von grobem weißgrauen Tuche, die einer papiernen Düte glich. [...]«[4]

Noch nach 1900 gehörten die Stelzen nicht nur zur gewöhnlichen Berufskleidung der Hirten in den abgelegeneren Gegenden von »Les Landes«, sondern auch zu der der staatlichen Postboten. »Freilich werden in neuerer Zeit infolge der fortschreitenden künstlichen Entwässerung des Landes diese gravitätisch dahinstelzenden Boten immer seltener. Damit verlieren jene Gegenden ein besonders reizvolles Kennzeichen , und es dürfte nicht mehr gar zu lange dauern, bis die Stelzengänger völlig verschwunden sind und nur noch in der Erinnerung oder auf alten Bildern fortleben.«[5]

Zeichen des Verfalls des ursprünglichen Hirten-Brauchtums war schon der Aufruf des *Petit Journal*, an einem 500 Km Stelzenlauf von Bordeaux nach Paris teilzunehmen; zu dem am 27. Mai 1892 einige dreißig »échassiers starteten«.[6]

Stelzenlauf von Paris nach Moskau
Sylvain Dornon bei seiner Abreise von Paris
am 12. März 1891

»Er gedenkt durchschnittlich 50 Kilometer im Tage zurückzulegen, 7 Kilometer in der Stunde, ja 8, wenn es sein müßte. Sein Weg führt ihn über Reims, Sedan, Luxemburg, Koblenz, Berlin, Wilna nach der alten russischen Hauptstadt, wo er spätestens am 25. oder 26. April anzukommen hofft.«
Illustrierte Zeitung, Leipzig (1891)

Die Stelzenläufer
Francisco Goya

Stelzenläufer – grallatores – hatte es bereits im antiken Rom gegeben, Plautus erwähnt das Gehen auf hohen und schweren Stelzen zuerst als eine sehenswerte artistische Produktion.[7]

Auch für die Straßenkünstler und Artisten des 18. und 19. Jahrhunderts, selbst die Seiltänzer, blieben die Stelzen ein unabdingbares Arbeitsinstrument.[8] Guts Muths pries das Stelzenlaufen als eine fördernswerte Körpertüchtigung für Kinder.[9] Jedenfalls war das Stelzenlaufen als Kinderspiel im 19. Jahrhundert so populär, daß es häufig in Karikaturen auftaucht.[10]

Juxläufe

Was mit Sylvain Dornons Stelzenlauf von Paris nach Moskau als Curiosität am Rande des Curiosen erscheint, muß wohl als symptomatisch für die Geschichte der menschlichen Fähigkeit, Laufen zu können, am Ende des 19. Jahrhunderts gewertet werden: An die Stelle des Jahrmarkts-Schnell-Läufers tritt der Juxläufer.

Nachdem das Laufen als Beruf obsolet geworden war, verlor es auch den Geruch des Niedrigen, der ihm, solange es als Arbeit galt, angehaftet hatte. Von der Notwendigkeit, Broterwerb zu sein, entlastet, konnte es von anderen Schichten als Freizeitbeschäftigung wieder aufgegriffen werden.

Wo in einer Art Historismus der Leibesübungen die Fähigkeiten eines aufgebenen Berufs bzw. brauchtümliche Bewegungsspiele wiederbelebt wurden, versuchte man den »Spiel- und Spaß«-Charakter zu betonen und demonstrativ jeden Anschein von »Ernsthaftigkeit«, Zweckgerichtetheit oder Effizienz zu vermeiden: Man verkleidete sich in (eher hinderliche und bewegungshemmende) historisierende, Phantasie- oder Trachtenkostüme, veranstaltete mit Vorliebe Juxläufe wie Sackhüpfen, Eierlaufen oder Dreibeinrennen, bei denen schon von vornherein klar war, das die Teilnehmer die Sache nicht allzu ernst nahmen. Um ganz klar zu machen, daß man es sich leisten konnte, um die Wette zu laufen und nicht etwa darauf angewiesen war, entbehrten die Preise für die Sieger – falls es überhaupt Sieger gab – grundsätzlich jeden materiellen Werts.

Ein typisches Juxrennen war das Faschingsrennen im Leipziger Carneval 1869, über das man folgenden ›launigen‹ Bericht in der *Illustrierten Zeitung* lesen konnte:

»Die Sache war neu, und so war das Interesse um so gespannter, und trotz des ersten Versuchs verlief alles in der vortrefflichst gelungenen Weise. [...] Sobald der [Faschings-] Prinz auf der Tribüne erschienen war, die ihn und sein Gefolge aufnehmen sollte, begann das Faschingsrennen mit acht Centauren [=Huckepack-Rennen], nach Recht und Gerechtigkeit gleich gewogen, und wer zu leicht befunden wurde der hatte sein fehlendes Gewicht in Gestalt eiserner Stücke mit sich zu tragen. Sieger war Graf Esterhazy's brauner Wallach Stannefuß, er erlief sich den goldenen Becher aus des Fürsten Hand. Es folgte ein kleines leipziger Handicap; römische Sklaven (sie waren am Platze zu haben und brauchten nicht erst verschrieben zu werden) zogen ihre Gebieter auf ihren Rennwagen. Sieger waren die Rosse des Römers Coriolan, ein Lorbeerkranz war ihr Lohn. Das nächste Rennen war der Damenpreis; die betreffenden Damen liefen, wie der Dienst sie rief, und jegliche mit ihrem Besen. Aus Achtung vor dem schönen Geschlecht und um alle Zankäpfel zu vermeiden, wurden sämmtliche active Damen als Siegerinnen angesehen. Spannend sah man dem Rennen mit Velocipèdes entgegen; es lief aber alles gut ab, und die ›Gemse‹ hatte sich ihre goldene Peitsche wacker verdient. Das fünfte Rennen war ein großes leipziger Handicap, Rennen zwischen den zwei größten europäischen Diplomaten der Jetztzeit (wir hüten uns die Namen zu nennen, da vielleicht noch einer oder der andere Anspruch auf den Titel macht) und dem bekannten berliner Freund Kladderadatsch. Sieger war der Diplomat, als dessen besonderes Abzeichen wir drei einzelne Haare auf dem Kopf und eine Unmasse Haare auf den Zähnen zu bezeichnen haben. Eine Great Steeple Chase bildete den Schluß. Alles, was in den früheren Rennen beschäftigt war, betheiligte sich bei diesem Schlußrennen, welches dadurch ein äußerst lebendiges Bild bot.«[11]

Die Geburt des Sportläufers

Die Schau-Schnell-Läufer des Jahrmarkts waren die letzten Heroen des vortechnischen Zeitalters. Sie traten an gegen Rennpferd, Eisenbahn und Velociped – und trugen den Sieg davon. In

Faschingsrennen auf dem Fleischerplatz
in Leipzig am 8. Februar
Illustrierte Zeitung, Leipzig (1869)

ihren uns heute so wunderlich erscheinenden Leistungen feierte der menschliche Körper, mit seiner Kraft und Ausdauer nicht nur über die Natur, sondern auch über die Ingenieurkunst seinen letzten, anschaulichen Triumph. Doch es sollte sich als vergeblicher Wettlauf mit dem Fortschritt erweisen. Mit dem Ende des 19. Jahrhunderts war dieser Kampf des Läufers gegen die Technik endgültig verloren. Von nun an konnte man nur noch gegen die Uhr – an die die Jahrmarktsläufer sich noch freiwillig gekettet hatten – rennen. Die resignative Erkenntnis, daß die abstrakte, unter dem Ticken der Uhr zerrinnende und vom Takt der Maschine zerhackte Zeit niemals mehr einzuholen und zu besiegen sein würde, ist der historische Moment, in dem an die Stelle des Berufsläufers, der einen Auftrag zu erledigen hatte, der Juxläufer und der Sportläufer treten, die vorgeben nur noch um ihr Vergnügen zu rennen. Während der Juxläufer durch allerlei Mätzchen und Scherze und den Griff in den Kostümfundus der Geschichte die Drohung der Uhr und den von der Industrialisierung geprägten Alltag zu überspielen versuchte, stellte sich der Sportläufer rückhaltlos den Anforderungen der neuen Zeit. Er grenzte, indem er Effizienz- und Leistungssteigerung, wie sie von der Maschine vorgegeben wurden, zum zentralen Movens auch seiner Freizeitbeschäftigung machte – sich deutlich von der biederen deutschen Turnbewegung ab:

»In Deutschland wird wohl der körperlichen Ausbildung und Entwicklung des Knaben durch regelmäßigen Turnunterricht gebührend Bedeutung beigemessen und die große Zahl der Turnverbände legt Zeugnis davon ab, daß auch der deutsche Mann es liebt, seine Kraft und Gewandheit durch fortwährende Übung zu stählen und zu erhöhen. Das Turnen bezweckt aber mehr eine gleichmäßige Ausbildung der gesamten Muskelthätigkeit, und wenn auch bei den gemeinschaftlichen Übungen jeder sein Bestes thut, um die vollendetste Leistung zu erzielen, so will doch die mit dem ›Sport‹ verbundene einseitige Entwicklung einer bestimmten körperlichen Fähigkeit zu absolut höchster Leistung und die öffentliche Schaustellung in den breiten Schichten unserer Bevölkerung nicht recht Anklang finden.«[12]

Das lag wohl unter anderem daran, daß der »Herrensportler« gegen das »Treudeutsch-aller-Wege« der vereinsmeiernden Turner den weltgewandten Gentleman mit einem gewissen arroganten Snobappeal setzte:

Hürdenrennen des Fußsportclubs Icaria in Berlin
Holzstich, um 1890
Illustrierte Zeitung, Leipzig

»So viel bekannt [schrieb 1882 das Familienblatt *Daheim* in einem Bericht über »Flach- und Hindernisrennen«], besteht im deutschen Reiche zur Zeit nur ein Verein, welcher sich mit athletischem Sport beschäftigt, der [Anfang 1880 unter dem Namen *Komitee für Laufsport* gegründete][13] *Hamburger Sportklub*, und auch dieser erst seit etwa zwei Jahren, nachdem ein gewisses Mißtrauen in alle solche Bestrebungen demselben anfangs eine starke Opposition entgegengesetzt hatte. [...] Vier und fünfzig Herren widmen sich jetzt der Athletik und sind, wie in jeder anderen Hinsicht, auch dadurch bestrebt, dem Verein und seinen Bestrebungen den Charakter des Herrensports zu bewahren, daß sie, alle gewerbsmäßigen Sportsmen ausschließend, bei ihren Rennen von der Austeilung von Geldpreisen gänzlich absehen und den Siegern nur Ehrengeschenke als Andenken an die im Kreise gleichgesinnter Genossen erlebten frohen Stunden gewährend. Die Mitglieder [...] halten [...] auch öffentliche Rennmeetings ab. Das letzte, bislang sechste derselben versammelte am 14. Mai auf der sehr hübsch in Bahrenfeld bei Altona gelegenen Rennbahn des Norddeutschen Renn- und Traberklubs infolge der ungünstigen Witterung und namentlich des scharfen Windes leider nur eine beschränkte Zahl von Zuschauern und auch die aktive Beteiligung der Sportsmen blieb unter diesen Umständen eine geringere, als man von vornherein annehmen konnte. Der Anzug für die Konkurrenzen besteht gleichmäßig in blauem oder schwarzem ›Jersey‹, gleichfarbiger Kniehose und Strümpfen, während die Teilnehmer zur Unterscheidung eine Schärpe über die Achsel oder eine breite Binde um den Körper in ihren verschiedenen Farben tragen.

Das Flachrennen über eine Distanz von 100 Meter führte drei Herren an die Pfosten, von denen Dr. Burchard, schon von weitem an der grün-weißen Schärpe kenntlich, von vornherein die Spitze nahm und nach Gefallen seine Gegner besiegte. [...] Das *Handicap* über 100 Meter übte auf vier Teilnehmer seine Anziehungskraft aus. Herr Loesener, welcher mit drei Meter Vorgabe, nur 97 Meter zu durchmessen hatte, nahm von den beiden Herren, welche noch niedriger, mit 96 und 94 Meter, »gehandikapped« waren, sofort mit dem Start den Vorsprung und fast schien es, als ob er den Sieg davon tragen würde, bis es dem vom Skatch ablaufenden Herrn Eisse innerhalb der letzten 10 Meter gelang, mit einem lebhaften »rush« das Ziel als erster zu passieren. Ein Flachrennen auf die Di-

Dreibeinrennen in Berlin-Halensee
Illustrierte Zeitung, Leipzig (1892)

stanz von 200 Meter bot wenig Interesse, da einer der beiden Teilnehmer, welche auf den Preis überhaupt schon vorher verzichtet hatten, bald nach dem Start das Rennen aufgab, dagegen konzentrierte sich die Aufmerksamkeit der Zuschauer auf das Hindernisrennen 150 Meter. Mit dem Abfeuern der Pistole, deren Schall im Rücken der Konkurrenten das Zeichen zum Ablauf gibt, eilten die Teilnehmer des Rennens davon. Leider fiel Herr Kocher zwei Mal, und auch Herr Büsing stürzte über eine Hürde, so daß es Herrn Loesener leichter gelang, als er wohl selbst gedacht, im raschen Laufe die im Ziele in Brusthöhe über die Bahn gehaltene Schnur, die »tape« mit sich fortzureißen, und damit den Anspruch auf den Sieg zu erwerben. Das Flachrennen über 1610 Meter mußte des immer stärkeren, den Laufenden gerade entgegen wehenden Sturmes wegen, ausfallen, dagegen waren in den Zwischenpausen die verschiedenen kurzen Juniorrennen eingelegt worden. Sieben Knaben nahmen an ihnen teil, und, ›was ein guter Haken werden will, krümmt sich bei Zeiten‹, drei Mal trug derselbe angehende Sportsman den Sieg über seine jugendlichen Genossen davon.«[14]

Festes Reglement, strikte Beachtung des Amateurstatus (nach dem Ideal des – wie das Fehlen deutscher Fachausdrücke zeigt – inzwischen vorbildlich gewordenen englischen Sports) und Leistungsmessung durch die abstrakte Zahl verdrängten zwar die farbigen Produktionen der Jahrmarktsläufer, werteten aber die solange verachtet gewesene körperliche Anstrengung des Laufens zum »edlen« Sport auf, und ermöglichten breiteren Schichten die aktive Teilnahme an Laufveranstaltungen. So konnte die Tatsache, daß ein Napoleon III (in Amerika allerdings) zu einem öffentlichen Wettlauf vor Zuschauern antrat, zwar noch verwundern, aber ein Skandal war es längst nicht mehr.[15]

Mit dem (seitdem höchst werbewirksam vermarkteten) Marathon-Staffettenlaufen, mit dem das olympische Feuer in die Sportstätten getragen wurde, begannen 1894 in Athen die ersten Olympischen Spiele der Neuzeit. Selbstverständlich gehörte das Laufen über 100, 200, 400 (hier belegte der Deutsche Fritz Hofmann den 3. Platz), 800, 1500 Meter und der Marathonlauf von Anfang an zu den Kerndisziplinen.

Mens sana in corpore sano – gute Geschäfte in einer gesunden Wirtschaft. Mit der Popularisierung der »Olympischen Idee«, die-

Herren-Wettlaufen des Hamburger Sportclubs
in Bahrenfeld bei Altona am 11. Mai
Daheim (1882)

ser antikisierenden, ideologischen Verbrämung des Höchstleistungsgedankens, wie er sich am Ende des 19. Jahrhunderts auch in den großen Weltausstellungen präsentierte, wurde dem Schnell- und Distanzlauf als Massensport, quer durch alle sozialen Schichten, endgültig Bahn gebrochen.

Start zum 110-Meter-Lauf
bei der ersten Olympiade 1896 in Athen
Sieger wurde der als erster den Tiefstart beherrschende Amerikaner Burke

Vermutlich ein Dopingopfer:
der später disqualifizierte Sieger Dorando Pietri im Marathonlauf bei den Olympischen Spielen 1908 in London.

»Armer Dorando«

Die Olympischen Spiele 1908 in London: Dorando Pietri, schmächtig, schnauzbärtig, Pastetenbäcker aus Italien, dessen Name bis dahin nicht einmal den Experten bekannt gewesen war, überholte bei km 37 den favorisierten Südafrikaner Hefferon und übernahm von da ab die Führung. Der Favorit fiel weit zurück. Beim Einlauf ins Stadion im Windsorpark war Dorando Pietri vor Erschöpfung derart irritiert, daß er die letzte Runde in falscher Richtung lief. Angehalten und in die richtige Richtung gewiesen, lief er – vor Überanstrengung stolpernd – weiter. Dann stürzte er. Von hilfreichen Händen wieder aufgerichtet, taumelte er im Zick-Zack über die Bahn. Auf den letzten vierhundert Metern stürzte er insgesamt viermal, blieb kurz vor dem Ziel liegen. Dann lief sein weitabgeschlagener Verfolger Hayes leicht und frisch ins Stadion ein. »Das Station schrillte von hysterischen Schreien des Publikums«. Dorando versuchte, mit letzter Kraft durchs Ziel zu kommen. Noch 5 Meter trennten Dorando von der Ziellinie, als Hayes in die Gerade einbog. Zwei Männer (einer von ihnen Sir Conan Doyle, der ›Vater‹ von »Sherlock Holmes«) hielten die Spannung nicht mehr aus, sprangen in die Bahn, halfen dem Italiener auf und schubsten ihn auf einknickenden Beinen über die Ziellinie. Das Stadion jubelte. Doch Dorando Pietri wurde disqualifiziert. Als er das erfuhr, nach Stunden, als er aus seiner Bewußtlosigkeit erwachte, war sein verbitterter Kommentar: »Als mich meine letzten Kräfte verließen, waren es doch Offizielle, die erst selbst den Vorwand schufen, mich dann zu disqualifizieren«, – womit er nicht Unrecht hatte. Es blieb bei der Disqualifikation des (offenbar gedopten) Läufers. Dorando erhielt keine Medaille, aber einen eigens für ihn gestifteten Goldpokal aus den Händen der englischen Königin Alexandra.

Anmerkungen

1. Kapitel: Der laufende Bote

1 E. G. Happel: Gröste Denckwürdigkeiten der Welt. Oder sogenannte Relationes Curiosae. Hamburg 1683, I, S. 429-432. – Mehr Beispiele solch organisierter Posten in: Krünitz: Oeconomisch technologische Encyclopädie, Bd. 66 (1795), S. 80ff. – Über das in Europa unvergleichliche Nachrichtenwesen der mohammedanischen Sultane in Indien berichtet der große Reisende Ibn Battuta aus dem Jahr 734 (= 1333 u.Z.); vgl. Ibn Battuta : Reisen ans Ende der Welt. 1325 - 1353. Tübingen-Basel 1977, S. 57-68.

2 E. G. Happel, a.a.O., S. 433.

3 Otto Lauffer: Der laufende Bote im Nachrichtenwesen der früheren Jahrhunderte, sein Amt, seine Ausstattung und seine Dienstleistungen. In: Beiträge zur deutschen Volks- und Altertumskunde 1 (1954), S. 19-60, zit. S. 21. – Zitat im Zitat: Erwin Müller-Fischer: Vom Postpapyrus zum Postflugzeug. Berlin 1939, S. 39. – Vgl. Th. Schrader: Stadtläufer und Stadtbriefträger. In: Mitteilungen des Vereins für Hamburgische Geschichte 6 (1898), S. 269-279.

4 O. Lauffer, a.a.O., S. 21.

5 O. Lauffer, a.a.O., S. 26.

6 Aus einem Regensburger Verzeichnis; zit. nach O. Lauffer, a.a.O., S. 26.

7 Zit. nach O. Lauffer, a.a.O., S. 26.

8 Nach B. Faulhaber: Das städtische Botenwesen. In ders.: Geschichte der Post in Frankfurt am Main. (= Archiv für Frankfurts Geschichte und Kunst NF. 10) Frankfurt 1883, S. 3 ff. – Vgl. Korzendorfer: Die Münchner Botenordnung aus dem Jahre 1565. In: Archiv für Post und Telegraphie. Berlin 35 (1907), S. 590-594. Vgl. Postwesen.-Gründliche und Umbständliche Information, Was es sowol bey denen gesambten Reichs-Ständen / als auch und absonderlich bey denen Frey- und Reichs-Stätten von ohnverdencklichen Jahren her / für eine Bewandnüß und Beschaffenheit / mit dem hie und da befindlichen ordentlichen Botten-Wesen habe [...]. [J. C. Emmrich]. Regensburg 1686.

9 Zit. nach Heinrich Haass: Das hessische Postwesen bis zum Anfang des 18. Jahrhunderts. Diss. Marburg 1910, S. 18-19.

10 Archiv für Post und Telegraphie 32 (1904), S. 577; zit. nach O. Lauffer, a.a.O.

11 Christoph Weigel: Abbildungen derer gemeinnützlichen Hauptstände, S. VI num. 4 pag 169; zit. nach O. Faulhaber, a.a.O., S. 2.

12 Nach Otto Feger: Vom Richtebrief zum Roten Buch. Die ältere Konstanzer Ratsgesetzgebung. Konstanz 1955, S. 100-101.

13 Zit. nach O. Lauffer, a.a.O., S. 54.

14 Hönn: Betrugslexicon (1722), S. 70; zit. nach O. Lauffer, a.a.O., S. 58.

15 Nach H. Haass, a.a.O., S. 7.

16 Garzonus: Allgemeiner Schauplatz, Disc. 44, nach B. Faulhaber, a.a.O., S. 5.

17 Lersner; zit. nach B. Faulhaber, a.a.O., S. 6.
18 H. Haass, a.a.O., S. 101.
19 Heinrich Stephan: Geschichte der Preußischen Post von ihrem Ursprung bis auf die Gegenwart. Berlin 1859, S. 63.
20 Johann Heinrich Ludewig Bergius: Kameralisten-Bibliothek. Nürnberg 1762, s.v. Postsachen.
21 Nach O. Lauffer, a.a.O., S. 34.
22 Franz Gräffer: Die Klepperpost. In ders.: Kleine Wiener Memoiren und Dosenstücke. Wien-München 1918 - 1922, II, S.33-34 u. Anm.72 u. 73, Abb.
23 Hübner: Handlungslexicon (1722), zit. nach O. Lauffer, a.a.O., S. 58.
24 Karl Zinkhan: Johannes Storck, der Reinhardser Schnelläufer. In: Unsere Heimat. Schlüchtern 1924, Nr. 4, S. 92-95.

2. Kapitel: DER HERRSCHAFTLICHE LAUFER

1 Zit. nach O. Lauffer: Der laufende Bote im Nachrichtenwesen der früheren Jahrhunderte, sein Amt, seine Ausstattung und seine Dienstleistungen. In: Beiträge zur Deutschen Volks- und Altertumskunde 1 (1954), S. 58.
2 Amaranthes: Frauenzimmer-Lexikon, nach O. Lauffer, a.a.O., S. 58.
3 Nach O. Lauffer, a.a.O., S. 57.
4 Johann Konrad Hamm: Jugenderinnerungen. In: Gesammelte kleine Schriften. Wien, Pest, Leipzig 1881, Bd. I, S. 28-29.
5 Realis: Curiositäten- und Memorabilienlexicon. Wien 1846, s.v. Laufer.
6 Nach Guillaume Depping: Die Körperkraft und Geschicklichkeit des Menschen. Historische Darstellung der Leibesübungen bei den alten und neuen Völkern. Minden 1881, S. 129.
7 Zit. nach G. Depping, S. 131.
8 Krünitz: Oeconomisch technologische Encyclopädie, Bd. 66 (1795), S. 86.
9 Nach Hans K. v. Jaden: Ein Laufer-Lehrbrief. In: Alt-Wien, Monatsschrift für Wiener Art und Sprache 4 (1895), S. 73.
10 Nach Karl Esselborn: Peter Bajus, der Schnelläufer. In: Hessische Chronik 3 (1914), S. 206-215, zit. nach S. 208.
11 Vieth: Versuch einer Encyclopädie der Leibesübungen. Berlin 1795, S. 191ff.
12 Nach G. Depping, a.a.O., S. 118-119.
13 Krünitz, a.a.O., S. 86, Anm.
14 Nach G. Depping, a.a.O., S. 128.
15 Notes & Queries, London 1856; zit. nach Depping, S. 128.
16 Krünitz, a.a.O., S. 83.
17 G. Depping, a.a.O., S. 131.
18 G. Depping, a.a.O., S. 132.
19 [G.A. Bürger]: Wunderbare Reisen zu Wasser und zu Lande. Feldzüge und lustige Abenteuer des Freiherrn von Münchhausen. 2. vermehrte Auflage, London 1788; zit. nach [Erwin Wackermann, Hrsg.]: Münchhausens Wunderbare Reisen, Hamburg 1966, S. 52-53.

20 Galanterien Wiens, auf einer Reise gesammelt, und in Briefen geschildert von einem Berliner. O.O. (Berlin) 1784, S. 114-115.
21 Galanterien Wiens, a.a.O., S. 112-113.
22 [Joseph Richter]: Eipeldauerbriefe. Wien 1796, 31. Heft, 3. Brief.
23 Neue komische Briefe des Hans-Jörgels, etc. Wien 1837, II, 2. H., S. 40.
24 [Joseph Richter]: Eipeldauerbriefe. Wien 1796, 31. Heft, 3. Brief.
25 [Joseph Richter]: Eipeldauerbriefe. Wien 1800, 14. Heft, 4. Brief.
26 [Joseph Richter]: Eipeldauerbriefe. Wien 1794, 8. Heft, 4. Brief.
27 Realis: Curiositäten- und Memorabilien-Lexicon. Wien 1846, s.v. Laufer.
28 Krünitz, a.a.O., S. 87-88.
29 Fritz Reuter: Serenissimus Dörchläuchting (1862). In hochdeutscher Übersetzung in ders.: Das Leben im Paradiese. Romane und Geschichten aus dem alten Mecklenburg. München (dtv) 1979.
30 Andreas G. Masch: Die Schnelläufer. In: Nützliche Beiträge zu den Neuen Strelitzschen Anzeigen, 1832, 17. Stk.; zit. nach Christian Krüger: Zu Reuters Durchläuchting. In: Jahrbuch des Vereins für niederdeutsche Sprachforschung 50 (1924), S. 55-57.

3. Kapitel: DIE WIENER LAUFER

1 Zit. nach Karl Glossy: Zur Geschichte der Wiener Laufer. In: Wiener Neujahrsalmanach 1898, S. 163-173; zit. S. 167.
2 Hans K. v. Jaden: Ein Laufer-Lehrbrief. In: Alt-Wien. Monatsschrift für Wiener Art und Sprache 4 (1895), S. 71-73. – Vgl. a. Hermann Oberhummer: Herrschaftliche Läufer. In ders.: Die Wiener Polizei. Wien 1938, II, S. 25-26.
3 Vgl. Adami: Alt- und Neu- Wien, II, S. 36.
4 Zit. nach K. Glossy, a.a.O., S. 167.
5 [Joseph Richter]: Eipeldauerbriefe. Wien 1794, 11. Heft, 4. Brief.
6 [Joseph Richter]: Eipeldauerbriefe. Wien 1794, 10. Heft, 4. Brief.
7 Europäische Geheimnisse eines Mediatisirten. Hamburg 1836, S. 19.
8 Ebd.
9 Moritz Bermann: Alt- und Neu-Wien. Wien-Pest-Leipzig 1880, S. 1075.
10 H. K. v. Jaden: Ein Laufer-Lehrbrief, a.a.O., S. 73.
11 Europäische Geheimnisse, a.a.O., S. 20.
12 M. Bermann, a.a.O.
13 Neue komische Brief des Hans Jörgels, etc. Wien 1836, II, H. 2, S. 48-49.
14 Neue komische Brief des Hans Jörgels, etc. Wien 1833, I, H. 1; S. 24-27.
15 H. K. v. Jaden, a.a.O., S. 73.
16 Europäische Geheimnisse, a.a.O., S. 20.
17 H. Oberhummer, a.a.O., S. 26.
18 Vgl. z.B. Allgemeine Theaterzeitung. Wien 17 (1824), S. 209; 24 (1831), S. 228; 25 (1832), S. 364; 28 (1835), S. 345, 349-350; 33 (1840), S. 507; 37 (1844), S. 442; 39 (1846), S. 419.
19 Allgemeine Theaterzeitung. Wien 39 (1846), S. 419.
20 Vgl. Hans Pemmer/Nini Lackner/Günter Düriegl/Ludwig Sackmauer: Der Wiener Prater. Wien-München 1974, S. 129.
21 Zit. nach K. Glossy, a.a.O., S. 163-166.

22 Wilhelm Kisch: Die alten Straßen und Plätze von Wien's Vorstädten und ihre historisch interessanten Häuser. Wien 1888, Bd. I, S. 42.
23 Neue komische Briefe des Hans Jörgels, etc. Wien 1836, II, 2. H., S. 48-49.
24 Neue komische Briefe des Hans Jörgels, etc. Wien 1840, H. 8, S. 21-22.
25 Allgemeine Theaterzeitung. Wien 17 (1824), S. 209.
26 Zit. nach Moritz Gottlieb Saphir: Ausgewählte Werke (Hg. Guido Glück), o.O., o.J., S. 89.
27 W. Kisch, a.a.O., S. 42.
28 Zit. nach K. Glossy, a.a.O., S. 170-173.
29 Österreichischer Courier, Wien 1849, S. 419.
30 Hans Pemmer: Schnell-Läufer im alten Wien. In: Amtsblatt der Stadt Wien 67 (1962), Nr. 2. – Illustriertes Extrablatt, Wien 1.5.1884.
31 Nach H. K. v. Jaden: Ein Laufer Lehrbrief. In: Alt-Wien 4 (1895), S. 72.

4. Kapitel: KUNSTLÄUFER

1 [Joseph Richter]: Eipeldauerbriefe. Wien 1796, 31. Heft, 3. Brief.
2 Zit. nach Erich Mindt: Spiel und Sport als völkisches Erbe. Berlin 1938, S. 45.
3 Philip Astley z.B., der mit seinem 1782 in London eröffneten Amphitheater als Begründer des modernen Circus gilt, war ursprünglich Offizier in der englisch-hannoveranischen Armee.
4 Allgemeine Theaterzeitung. Wien 33 (1840), S. 247.
5 Karl Eduard von Holtei: Die Vagabunden. Leipzig (Reclam), o.J., Bd. II, S. 434.
6 Disdakalia, Frankfurt/Main, Nr. 176, 24. Juni 1824.
7 Morgenblatt für gebildete Stände 1824, Nr. 68
8 Stadtbibliothek Wien C 64/522/13; zit. nach H. Pemmer: Schnell-Läufer im alten Wien. In: Amtsblatt der Stadt Wien 67 (1962), Nr. 2.
9 Hessischer Hausfreund 5 (1844), Nr. 56.
10 Nach H. Pemmer: Schnell-Läufer, a.a.O.
11 Ebd.
12 Casselische Allgemeine Zeitung, 31. August 1839.
13 Ankündigungszettel von Kunstreitern, Akrobaten, Tänzern, Taschenspielern, Feuerwerkern, Luftballons und dergl. [in Mitau]. Stadt- und Universitätsbibliothek Frankfurt/Main, Sign.: Mus. Wf. 25, Blatt 32.
14 Ebd., Blatt 41.
15 Ebd., Blatt 61.
16 Ebd., Blatt 107, 108a, 109.
17 Ebd., Blatt 111, 112.
18 Ebd., Blatt 117, 123.
19 Ebd., Blatt 118.
20 Vgl. ebd., Blatt 63-67, 69.
21 Casseler Zeitung, 27. August 1859.
22 Gewerbliches Tageblatt, 1. September; 3. Dezember 1859.
23 Casseler Zeitung, 23. Juni 1860.
24 Hessische Morgenpost, Kassel, 4. Juni 1875.
25 Der Spiegel, Zeitschrift für Wissen, Leben und Kunst, Nr. 17, 8. Februar 1824, S. 43-44.

26 Morgenblatt für gebildete Stände, 1824, Nr. 68.
27 Der Spiegel, Nr. 17, 8. Februar 1824, S. 43-44.
28 Didaskalia, Frankfurt/Main, Nr. 49, 18. Februar 1824.
29 Didaskalia, Frankfurt/Main, 1824, Nr. 49.
30 Morgenblatt für gebildete Stände 1824, Nr. 68.
31 Der Spiegel, Nr. 11, 25. Januar 1824.
32 Didaskalia, Frankfurt/Main, 1824, Nr. 49.
33 Didaskalia, Frankfurt/Main, Nr. 76, 16. März 1824.
34 Der Spiegel, Nr. 32, 14. März 1824. – Verfasser des Gedichts ist Karl Andreas Wild; vgl. Karl Esselborn: Peter Bajus, der Schnelläufer. In: Hessische Chronik 3 (1914), S. 206-215.
35 Wilhelm Hamm: Gesammelte kleine Schriften. Wien-Pest-Leipzig 1881, Bd. I, S. 28-29.
36 Hessischer Hausfreund, Darmstadt, 5 (10. Mai 1844), Nr. 56.; zit. nach K. Esselborn, a.a.O., S. 214.
37 Der Spiegel, Nr. 17, 8. Februar 1824, S. 43-44.
38 Hessischer Hausfreund, Darmstadt, 5 (10. Mai 1844), Nr. 56; zit. nach K. Esselborn, a.a.O., S. 214.
39 Hessischer Hausfreund 5 (10. Mai 1844), Nr. 56.
40 Das einzige mir bekannt gewordene Exemplar dieses heute höchst raren Werks besitzt die Staatsbibliothek Berlin/Preußischer Kulturbesitz, Sign.: Pu 3725-2. – Mensen Ernsts Bildnis, das im Berliner Exemplar zerstört ist, verdanke ich Friedrich Böer/Hamburg; vgl. Friedrich Böer: Der beste Langstreckenläufer aller Zeiten. Das Leben des Wunderläufers Mensen Ernst. In: Ensslin-Schüler-Taschenbuch. Der große Jugendkalender 1979, S. 168-177, S. 242. – Die Erstausgabe von 1838-39 (von der 1844 eine norwegische Übersetzung erschien) war mir nicht zugänglich; im folgenden wird nach der »Zweite[n] vermehrte[n] und wohlfeile[n] Ausgabe in einem Bande. Breslau, in Kommission des ›Verlags-Komptoir‹s' 1841« zitiert. – Vgl. Rheinland: Der Schnelläufer Mensen Ernst. In: Didascalia oder Blätter für Geist, Gemüth und Publicität. Frankfurt/Main 1837, Nr. 348. – Heller Magazin 1837. Beilage: Bildatlas Nr. 13.
41 Alle nicht anders nachgewiesenen Zitate dieses Abschnitts stammen aus *Mensen Ernst's Leben*.
42 Oberhessisches Provinzial-Wochenblatt, Marburg 15. August 1832, 3. Beilage zu Nr. 34, S. 627.
43 Allgemeine Theaterzeitung. Wien, 27 (1834), S. 442.
44 Allgemeine Theaterzeitung. Wien, 27 (1834), S. 398.
45 Allgemeine Theaterzeitung. Wien, 27 (1834), S. 441-442.
46 Frankfurter Allgemeine Zeitung, 30. Nov. 192.
47 Beiblatt zur Casselischen Zeitung, 29. April 1838, S. 3.
48 Hessischer Hausfreund, 5 (10. Mai 1844), Nr. 56.
49 Wilhelm Wagner: Variationen über einen berühmten Läufer. In: Didascalia, Blätter für Geist, Gemüth und Publicität 1838, Nr. 73.
50 Vgl. Einar Jansen: Mensen Ernst. In: Norsk Biografisk Leksikon 3 (1926), S. 584-585.

5. Kapitel: HEMMNISSE DES FORTSCHRITTS VOM BERUFSLÄUFER ZUM SPORTLÄUFER

1 Vgl. Maria Kloeren: Sport und Rekord. Kultursoziologische Untersuchungen zum England des sechzehnten bis achtzehnten Jahrhunderts (= Kölner Anglistische Arbeiten Nr. 23), Leipzig 1935.
2 Archenholz: Britische Annalen 7 (1781), S. 224-225.
3 Vossische Zeitung, Berlin Nr. 60, vom 10. März 1824 und Nr. 63 vom 13. März 1824, zit. nach Berlinische Blätter für Geschichte und Heimatkunde 1 (1933-34), S. 124-125.
4 Archenholz: Briitische Annalen 11 (1793), S. 368-369.
5 H. L. H. Fürst Pückler-Muskau: Briefe eines Verstorbenen. Ein fragmentarisches Tagebuch aus England, Wales, Irland und Frankreich, geschrieben in den Jahren 1828 - 1830. 4 Bde. München-Stuttgart 1830 - 1831, II, S. 90 (Eintrag vom 9. Oktober 1828).
6 J.G.Kohl: Land und Leute der britischen Inseln. 1844, III, S. 119.; zit. nach Friedrich Kluge: Etymologisches Wörterbuch der deutschen Sprache. 21. Auflage. Berlin-New York 1975, s.v. Sport.
7 Vgl.: Richard Waldegg: Sittengeschichte von Wien. Stuttgart 1957, I, S.33.
8 Vgl. Guillaume Depping: Die Körperkraft und Geschicklichkeit des Menschen. Minden 1881, S. 137-142.
9 Karl Weinhold: Der Wettlauf im deutschen Volksleben. In Zeitschrift des Vereins für Volkskunde 3 (1893), S. 1-23. – Erich Mindt: Spiel und Sport als völkisches Erbe. Berlin 1938, S. 23-45.
10 Dr. K. Koch: Das Laufen. Ein Mahnwort an Eltern und Erzieher. In: Daheim 1891, S. 653-654.
11 Vieth: Versuch einer Encyclopädie der Leibesübungen. Berlin 1795, S. 191.
12 Friedrich Ludwig Jahn/Ernst Eiselen: Die deutsche Turnkunst. Berlin 1816. Reprint: München 1979; S. 71.
13 Ebd., S. 78.
14 Ebd., S. 64.
15 Vgl.Bruno Sauerbier: Geschichte der Leibesübungen. Frankfurt/Main 1961, S. 155ff.
16 Casselische Zeitung, Beiblatt, 29. April 1838.
17 Allgemeine Theaterzeitung. Wien 27 (1843), S. 441.
18 Henning Eichberg: Leistung, Spannung, Geschwindigkeit. Stuttgart 1978, S. 50.
19 Vgl. Lawrence Wright: Clockwork Man. London 1968, S. 160-167.
20 Neues Hamburgisches Magazin 1769, 35. Stk., S. 478-480.
21 Vgl. Kazimierz Piesowicz: Lebensrhythmus und Zeitrechnung in der vorindustriellen und in der industriellen Gesellschaft. In: Geschichte in Wissenschaft und Unterricht 8 (1980), S. 405-485, S. 479.
22 Zu dem Wiener Schnelläufer Stephan Richter vgl. Deutsche Turnzeitung 21 (1876), S. 156 und 212.
23 Vgl. Annemarie Lange: Berlin zur Zeit Bebels und Bismarcks. Berlin (DDR) 1972, S. 158.
24 Eine ausführliche Schilderung dieses Rennens zwischen Mensch und Pferd, das am 23. Mai 1881 in Berlin stattfand, findet sich, einem Bericht der *Elberfelder Zeitung* folgend, in: Deutsche Turnzeitung, Leipzig 26 (1881), S. 232.

25 Illustrierte Zeitung, Leipzig, 76 (1881), S. 516.
26 Kurt Klaußmann: Käpernick. In: Sport im Bild, Jg. 1911, S. 146.
27 Ebd.
28 Nach Hans Pemmer: Schnell-Läufer im alten Wien. In: Amtsblatt der Stadt Wien 67 (1962), Nr. 2.
29 K. Klaußmann, a.a.O.
30 Nach H. Pemmer, a.a.O.
31 Allgemeine Sportzeitung, Wien 1881, zit. nach Der Turner 2 (1887), S. 73-77.
32 Nach H. Pemmer, a.a.O.
33 Der Turner 2 (1887), S. 55.
34 Heinrich Schwarz: Fritz Käpernik am Rhein. in: Deutsche Turnzeitung 27 (1882), S. 265.
35 Zit. nach Andreas Kuntz: Aus der Zeitung gelesene Alltagsgeschichte des Jahres 1882. In: 1882 Düsseldorf wird Großstadt. Materialien zur Düsseldorfer Stadtentwicklung. Düsseldorf: Presseamt 1982, S. 16.
36 Der Turner 2 (1887), S. 55.
37 K. Klaußmann, a.a.O.; vgl. a. Signor Saltarino: Fahrend Volk. Abnormitäten, Kuriositäten und interessante Vertreter der wandernden Künstlerwelt. Leipzig 1895, S. 141, Abb.; vgl. Fritz Käpernick, der Nurmi der achtziger Jahre. In: 1000 gute Freunde 1932, Nr. 46.
38 [Anonym]: Fritz Käpernick. In: Der Turner 2 (1887), S. 54-56, S. 73-77; zit. S. 54-55.

6. Kapitel: SPORTSMEN

1 Illustrierte Zeitung, Leipzig, 4. April 1891, S. 363.
2 Ebd.
3 Casseler Tageblatt und Anzeiger, 25. März 1891.
4 Museum des Wundervollen 7 (1807), S. 508ff., Abb.
5 Die Stelzenläufer in Südfrankreich. In: Daheim 1914, Nr. 5, S. 7, Abb.
6 Gaston Cornié: : Course d' »échassiers« a Bordeaux. In: La Nature 1892, Nr. 995, Abb.
7 Vgl. Alexander Gaheis: Gaukler im Altertum. München 1925 (= Tusculum Schriften H. 10), S. 8.
8 Vgl. Jean Henri Marlet: Pariser Volksleben. Nach den kolorierten Lithographien der *Tableaux de Paris*. Mit einem Nachwort von Gretel Wagner. Dortmund 1980, Tafel 7.
9 Chr. Fr. Guts Muths: Spiele zur Übung und Erholung des Körpers und des Geistes für die Jugend. Schnepfenthal 1796.
10 Vgl. Aus besten Kreisen. 110 satirische Bilder aus dem Empire. Nach den kolorierten Kupferstichen des *Bon Genre*. Mit einem Nachwort von Gretel Wagner. Dortmund 1980, Tafel 64.
11 Illustrierte Zeitung, Leipzig 52 (1869), S. 135-138.
12 Hermann Vogt: Athletik. In: Daheim 1882, 1. Beilage zu Nr. 35.
13 Vgl. Kl. C. Wildt: Daten zur Sportgeschichte. Teil II. Europa von 1750 bis 1894. Schorndorf b. Stuttgart 1972, S. 108.
14 Hermann Vogt: Athletik. In: Daheim. 1882 , 1. Beilage zu Nr. 35.
15 Vgl. Casseler Tageblatt und Anzeiger, 7. Mai 1893.

Taschenbücher Syndikat / EVA

Band 2 Arthur Rosenberg: **Entstehung und Geschichte der Weimarer Republik.** ISBN 3-434-46002-0

Band 3 Hans Peter Duerr: **Traumzeit** – Über die Grenze zwischen Wildnis und Zivilisation. ISBN 3-434-46003-9

Band 4 Giovanni Jervis: **Kritisches Handbuch der Psychiatrie.** Aus dem Italienischen von Maja Pflug und Traudi Pulz. ISBN 3-434-46004-7

Band 5 Peter Gorsen: **Salvator Dali, der »kritische Paranoiker«.** ISBN 3-434-46005-5

Band 6 **Gesellschaften ohne Staat.** Gleichheit und Gegenseitigkeit. Herausgegeben von Fritz Kramer und Christian Sigrist. ISBN 3-434-46006-3

Band 8 Maud Mannoni: **Der Psychiater, sein Patient und die Psychoanalyse.** Aus dem Französischen von Katharina Bischoff und Hans-Jürgen Grune. ISBN 3-434-46008-X

Band 9 Paul Parin: **Der Widerspruch im Subjekt.** Ethnopsychoanalytische Studien. ISBN 3-434-46011-X

Band 10 Carlo Ginzburg: **Der Käse und die Würmer.** Die Welt eines Müllers um 1600. ISBN 3-434-46010-1

Band 12 Bronislaw Malinowski: **Das Geschlechtsleben der Wilden in Nordwest-Melanesien.** ISBN 3-434-46012-8

Band 13 Nahum Goldmann: **Das Jüdische Paradox.** Zionismus und Judentum nach Hitler. ISBN 3-434-46013-6

Band 14 **Soziologische Exkurse.** Nach Vorträgen und Diskussionen. Frankfurter Beiträge zu Soziologie. Im Auftrag des Instituts für Sozialforschung, herausgegeben von Theodor W. Adorno und Walter Dirks. ISBN 3-434-46014-4

Band 15 Wolfgang Neuss: **Wir Kellerkinder.** Serenade für Angsthasen. Genosse Münchhausen. ISBN 3-434-46015-2

Taschenbücher Syndikat / EVA

Band 16 Hermann K. A. Döll: **Philosoph in Haar.** Tagebuch über mein Vierteljahr in einer Irrenanstalt. ISBN 3-434-46016-0

Band 17 Giorgio Colli: **Nach Nietzsche.** Aus dem Italienischen von Reimar Klein. ISBN 3-434-46017-9

Band 18 **Die neuen Narzißmustheorien: zurück ins Paradies?** Herausgegeben vom Psychoanalytischen Seminar Zürich. ISBN 3-434-46018-7

Band 19 Erich Fried: **Höre, Israel!** Gedichte und Fußnoten. ISBN 3-434-46018-7

Band 20 **Gesellschaften ohne Staat II.** Genealogie und Solidarität. Herausgegeben von Fritz Kramer und Christian Sigrist. ISBN 3-434-46020-9

Band 26 Bronislaw Malinowski: **Argonauten des westlichen Pazifik.** ISBN 3-434-46026-8

Band 27 Klaus Dörner: **Bürger und Irre.** Zur Sozialgeschichte und Wissenschaftssoziologie der Psychiatrie. ISBN 3-434-46027-6

Band 28 Ernesto Grassi: **Die Macht der Phantasie.** Zur Geschichte abendländischen Denkens. ISBN 3-434-46028-4

Band 29 A. Mitscherlich / T. Brocher / D. von Mering / U. Horn (Hrsg.): **Der Kranke in der modernen Gesellschaft.** ISBN 3-434-46029-2

Band 30 H. G. Adler / Hermann Langbein / Ella Lingens-Reiner (Hrsg.): **Auschwitz.** Zeugnisse und Berichte. ISBN 3-434-46030-6

Band 31 Raymond Roussel: **In Havanna.** Ein Romanfragment. ISBN 3-434-46031-4

Band 32 Michael Müller: **Architektur und Avantgarde.** Ein vergessenes Projekt der Moderne? ISBN 3-434-46032-2

Band 33 Rudolf zur Lippe: **Autonomie als Selbstzerstörung.** Zur bürgerlichen Subjektivität. ISBN 3-434-46033-0

Band 34 Thomas Ziehe: **Pubertät und Narzißmus.** ISBN 3-434-46034-9

Taschenbücher Syndikat / EVA

Band 35 Ulrich Sonnemann: **Die Einübung des Ungehorsams in Deutschland.** ISBN 3-434-46035-7

Band 36 Hans Ebeling (Hrsg.): **Der Tod in der Moderne.** ISBN 3-434-46036-5

Band 37 Alexander W. Tschajanow: **Reise ins Land der Utopie.** Maxim Gorki: **Vom russischen Bauern.** Herausgegeben von Krisztina Mänicke-Gyöngyösi. Aus dem Russischen von Christiane Schulte. ISBN 3-434-46037-3

Band 38 Claudia Honneger /Bettina Heintz (Hrsg.): **Listen der Ohnmacht.** Zur Sozialgeschichte weiblicher Widerstandsformen. ISBN 3-434-46038-1

Band 39 Hans Bosse: **Diebe, Lügner, Faulenzer.** Zur Ethno-Hermeneutik von Abhängigkeit in der Dritten Welt. Mit einem Geleitwort von Paul Parin. ISBN 3-434-46039-X

Band 40 Stephan Oettermann: **Läufer und Vorläufer.** Originalausgabe. ISBN 3-434-46040-3

Band 41 Max Horkheimer / Theodor W. Adorno: **Sociologica.** Reden und Vorträge. ISBN 3-434-46041-1

Band 42 Sweezy / Dobb / Takahashi / Hilton / Hill / Lefebvre / Procacci / Hobsbawn / Merrington: **Der Übergang vom Feudalismus zum Kapitalismus.** Aus dem Englischen von Hans-Günther Holl und Hans Medick. ISBN 3-434-46042-X

Band 43 Tom Wolfe: **Mit dem Bauhaus leben.** »From Bauhaus to our house.« Aus dem Amerikanischen von Harry Rowohlt. ISBN 3-434-46043-8

Band 44 Jean Piaget: **Probleme der Entwicklungspsychologie.** Kleine Schriften. Aus dem Französischen von Georgia d'Inlau-Merkens. ISBN 3-434-46044-6

Band 45 Regina Schulte: **Sperrbezirke.** Tugendhaftigkeit und Prostitution in der bürgerlichen Welt. ISBN 3-434-46045-4